불교사회복지

프라즈냐 총서
60

불교사회복지

| 불교사회복지 사상과 실천의 현대적 모색 |

명안 저

운주사

『법화경』의 인간관·원조관을 통한 복지사상 도출

- 절망과 고통 극복을 위한 대승정신으로 불교복지의 새 패러다임 제시 -

명안(신일섭)

불교가 붓다 이래 수천 년이 지난 오늘날에 이르기까지 무수한 사회의 변혁 속에서도 올곧게 견지해 왔던 종교적 성격은 '평등의 종교'라는 것이었다. 특히 오늘날의 현대사회에서는 '평등'이 다양하게 주목받고 있는데 그 이유는 산업화, 도시화, 정보화, 다양화로 특징지어지는 현대사회의 속성 때문이다.

현대사회의 속성들은 한결같이 사회구조를 변화시키기에 충분하여 자본가 계급의 탄생으로 기존의 신분체계를 와해시키고 빈부격차의 심화, 도시 집중화 현상에 따른 인구밀도의 과밀화, 소득 저하에 따른 빈곤, 교육권 상실, 도농 격차, 이동 및 수송 문제, 주택 부족, 환경오염 문제 등으로 구조적인 사회문제가 되기 시작하였다. 나아가 정보화 사회로 인한 인권 및 사생활의 침해, 개인정보 유출에 따른 사회적 문제(사이버 범죄 등), 사이버 메커니즘 공간에서 비대면의 일상화에 따른 현실과의 이격현상은 또 하나의 차별을 만들어내고 있다. 또 하나의 사회적 이면은, 다양화에 따른 개인의 정체성이나 가치의 혼란, 새로운 신분 또는 의식체계가 조장되어 인간 가치관의 혼재가 나타나고 있다는 점이다. 이러한 사회적 현상은 많은 과제를 내놓게 된다. 특히 인간다운 처우를 받아야 한다는 보장성 과제가 많은 것이 특징이며, 이런 점에서 우주 만물의 평등을 교의로 제시하고 있는 종교로서의 불교는 복지적 관점에서 충분히 주목을 받고 있다.

불교에서의 평등은 붓다와 인간(중생)이 본래부터 다르지 않다는 점에 기초한다. 평등이란 과거세, 미래세의 평등도 있지만 대승의 관점에서 인식하면 현세의 평등이 매우 중요하다고 할 것이다.

복지다원주의(welfare pluralism)가 상징적으로 나타나는 시대에 불교의 사회복지 실천은 대승의 정신으로 돌아가 진제眞諦와 속제俗諦 구별 없이 모든 이치가 융화되는 것으로 인식하고 현실세계를 인정하여 공생共生으로 완성이 된다.

불교가 사회의 제현상, 특히 복지의 영역에 어떠한 관심이 있으며 사회문제에 대한 해결 방책으로 어떻게 참여하고 개입할 것인지를 고민해야 한다. 소위 참여불교(Engaged Buddhism)는 종전의 소극적 불교 활동에서 능동적이고 적극적인 불교 활동을 지향하여 붓다의 가르침과 계율정신을 현대사회가 안고 있는 문제에 접목하여 해결 방책을 도모하는 것이라고 볼 수 있다.

복지다원주의 시대에 참여불교와 국민총행복량(GNH: Gross National Happiness)에 대한 사회 전반의 관심 고조와 요구는 불교의 관점에서 붓다의 가르침인 인간관(자리이타, 생명관, 평등관)에 대비하더라도 전혀 상충되지 않으며, 역사적으로 볼 때에도 복지에 대한 불교의 대응은 붓다의 가르침이나 사상의 틀을 벗어나지 않고 있다.

우리나라 종교 인구 현황(문화체육관광부, 2018)을 보면, 전체 2,110만 명 중에서 불교 인구는 760만 명으로 종교 인구 중 35%를 차지하고 있는데, 이에 따른 불교의 사회적 영향과 책임은 막중하다고 할 것이다. 타종교에 비해 유구한 역사를 지녔기에 불국토 복지사회를 조성하는 데 중요한 책무를 담당해야 할 것이다. 이에 따라 본서는 현대사회의 절망과 고통을 대승정신으로 극복하고자 하는 의도에서 집필되었다.

제Ⅰ장은 '불교사회복지의 이해'로 일반사회복지의 가치와 지식, 기술의 관계를 다루어 보았으며, 또 종교와 사회복지에서는 종교의 위치, 국가와 종교사회복지를 다루었다. 또한 사회복지의 불교에서는 대승불교의 기본성격과 보살신앙 등을 살피고, 끝으로 불교사회복지의 고유성을 통해 일반사회복지와 불교사회복지의 관계에 대해 비교하여 분석하였다.

제Ⅱ장은 '경전에 나타난 복지사상'을 『법화경』을 통해서 살펴보았다. 『법화경』의 인간관·원조관 등을 통해 복지사상의 근거를 찾아보았으며, 아울러 복지수행의 실천덕목으로서 보살행을 살피고 불국정토의 구현의 전제가 되는 공생에 대한 것도 고찰하였다.

제Ⅲ장은 '불교사회복지과 실천'으로, 불교사회복지의 철학과 윤리에서는 종교철학의 관점에서 불교사회복지의 이념체계를 정리했으며, 실천행으로서 불교가 갖는 실천정신을 도출하였다. 아울러

8

불교사회복지의 실천사례를 제시하였다. 또한 불교사회복지에 있어서 기업의 ESG 패러다임을 이해하여 불교 고유의 UDI(Unique Diversity Ideology) 패러다임의 필요성을 모색하였다.

제IV장은 '불교사회복지사업과 실천과제'로, 불교사회복지 사상에 대한 교의적 가치의 재정립, 불교의 사회적 기능 논의 필요, 일반사회복지와의 균형(조화), 발전된 실천체계 구축, 사회적 함의 도출, 윤리에 기반한 공생 구현, 불교사회복지의 새로운 패러다임과 실천방안을 제시하였다.

아무쪼록 이 책이 불교사회복지 분야의 이론과 실천의 영역을 확장하는 데 일조할 수 있기를 바란다.

끝으로 이 책이 빛을 볼 수 있도록 자료 및 정보제공, 토론 등으로 지원을 해 주신 한국사회복지정책연구원 김종인 이사장님과 문용수 이사님, 그리고 졸고를 기꺼이 출판해 주신 운주사 관계자 여러분께도 깊은 감사의 마음을 전한다.

불교사회복지의 이론과 실제를 겸비한 역작

- 소외된 이웃의 행복과 인권신장의 길잡이 기대 -

한국사회복지 정책연구원장 김종인

명안 신일섭 한국불교여래종 총무원장은 한국 및 글로벌 불교진흥뿐만 아니라 불교사회복지의 선각자이다.

명안 스님은 자비행으로써 이웃을 돌보며 전도선언을 실천해 오고 있는 분이다. 한국불교여래종 창종주이신 부친 인왕 대종사님과 함께 1976년부터 국내의 교화시설과 사회 소외계층을 위한 보살행을 시작으로, 1988년부터 현재까지 여래구도봉사단을 꾸려 무료급식을 운영해 오고 있다.

또한 국외로 1993년 스리랑카, 1994년 미얀마 등에 유치원, 요양원, 고아원 등을 후원하는 등 국내외적으로 사회복지를 몸소 실천하고 있다.

아울러 스님은 사회복지학 박사로서 불교사회복지를 학문적으로 집대성한 분이기도 하다. 그의 학위논문 「불교사회복지 보살사상의 실천성 연구」는 한국사회복지학계에도 비상한 관심을 불러일으켰으며, 후학들에게 불교사회복지의 길과 방향을 제시해 주고 있다.

스님의 이번 저서는 『법화경』 경전에 나타난 복지사상을 연구하면서 불교가 지니고 있는 고유성에서 사회복지적 요소를 연구 고찰하여 불교와 사회복지의 관계를 비롯하여 불교의 사회적 책임(BSR: Buddhism Social Responsibility)도 제시하였다.

또한 대승불교 경전의 꽃으로 불리는 『법화경』을 심층적으로 고찰하여 『법화경』이 갖고 있는 복지사상과 인간관·원조관, 보살행, 공생 등의 개념을 고찰한 것과 함께 불교사회복지의 실천에 따른 ESG의 개념을 살펴보고 불교의 UDI 패러다임을 제시하고 있다.

특히 불교사회복지의 UDI(Unique Diversity Ideology) 패러다임을 제시함으로써 불교사회복지의 고유성, 다양성, 이념성 등을 새로이 정립하게 될 것으로 기대된다. 불교인권상 수상에 빛나는 명안 신일섭 스님의 저서를 통해 불교사회복지가 소외된 이웃들에게 인권신장의 길잡이가 될 것으로 기대한다.

만학의 결실, 내전의 사회적 실천으로 일궈낸 불교사회복지의 집대성

-보살의 서원, 구병·구호·구도를 실천하는 여래종-

무진장불교연구원장 진관

"법문무량서원학法門無量誓願學." 불자는 보살로서 서원한다. 중생이 한량없으니, 일체중생을 제도하기 위한 방편으로 끝이 없는 공부 모두 다 성취하기를….

참으로 어불성설이 아닐 수 없다. 그러나 내세득작불來世得作佛의 수기를 받은 법화행자이자 현세보살로서 과거칠불로부터 미륵불이 하생하여 한 중생도 남김없이 제도할 때까지 멈출 수 없는 서원이다.

'법문무량서원학'의 법화행자 명안 대종사께서 만학晚學의 결과물로서 책을 펴낸다고 하니 참으로 존경스럽고 감개무량하다. 어린 시절부터 내전을 통섭하셨고, 내전의 사회적 실천으로서 박사학위에 이르는 험난한 과정은 학문에 대한 열정이 아니라 보살의 서원이었으며, 구병救病·구호救護·구도求道의 실천으로서 여래종의 재도약을 위한 사명감이었다고 본다.

구도는 상구보리요 구병·구호는 하화중생이니, 구도는 자신 내면의 일이요 구병·구호는 중생을 위한 일이다. 중생의 이익과 안락을 수행으로 삼는 명안 대종사의 만행萬行은 관세음보살이 중생의 근기에 따라 나투시듯이 그야말로 '원아분신변진찰'의 실천이 아닐 수 없다. 오늘의 출판으로서 일자무식의 촌부에서부터 학문의 최고봉인 박사에 이르기까지 두루 섭렵하고 아우르셨으니, 두타행은 가섭에 이르고 변재辯才는 부루나에 견줄 만하다 하겠다.

우리 사회는 보편과 선별을 놓고 논쟁이 여전하지만, 현대사회는 복지국가로 나아가야 한다는 것은 누구도 부정할 수 없는 과제이다. 부처님의 말씀 중에 복지의 개념과 가장 가까운 것은 보시라 하겠다. 그러나 보시는 나와 너는 결코 각각의 존재로 구분될 수 없다는 우주적 통찰인 불일불이不一不二에 바탕을 두고 있다면, 복지는 나와 너를 엄격히 구분하여 '가진 자'가 '가난한 자'에게 베푼다는 시혜적 입장에서 출발하였다.

현대복지는 국민 모두에게 행복한 삶을 보장해야 한다는 보편적 복지를 지향하고 있다. 이러한 측면에서 본다면 유아론有我論의 수직적 복지가 연기론緣起論의 평등적 복지로 전환되고 있음을 말한다. 따라서 명안 대종사의 복지 연구는 일체평등 불이사상의 실천으로서 일체중생에게 여래의 방을 여는 것이요(대자비), 여래의 옷을 입히는 것이며(인욕), 여래의 자리에 앉게(성불) 하는 보살행이 아닐 수 없다.

복지가 국가의 제도가 아니라 성불의 방편으로서 연구·실천되어야 한다는 수행의 당위성에서 본다면 우리 불교계는 여전히 걸음마 단계에 있다. 따라서 여래종의 종지인 구병·구호가 구도로서 완성될 때 비로소 부처님의 가르침에 부합하는 복지가 완성된다고 본다. 이러한 측면에서 명안 대종사의 복지학 연구와 한시도 놓지 않는 보살행은 그동안의 서구적 입장의 세계관에서 이루어진 복지에 대한 반성이자 불교적 복지의 새로운 방향의 제시로서 매우 중요한 일이라고 확신한다.

한 마음이 한 세계를 만든다고 하였으니 그동안의 노고가 후학들에게는 길라잡이가 되기를 바라며, 이번 출판을 계기로 여래종의 사회복지사업이 명실공히 우리 불교계는 물론 한국을 대표하는 사례로 거듭 성장하기를 삼보 전에 발원하며 축하를 대신한다.

I. 불교사회복지의 이해 21

일러두기

본문에 인용된 『법화경』은 1989년 석인왕 대종사가 편역한 『법화삼부경』이며,
본문의 인용구 표시 쪽수(Page)도 이에 근거합니다.(도서출판 대정원, 1989)

I. 불교사회복지의 이해

1. 사회복지와 가치

1) 가치

가치는 일반적으로 의식적 행위를 함에 있어 선택의 기준으로, 주체의 욕구를 충족시키는 객체화된 방향성으로 행위자에 의해 가능한 여러 가지의 방법, 수단, 목적 중에서 선택하는 데 영향을 미치는 개인 또는 집단이 가지는 명시적 혹은 암묵적 개념이다. 따라서 인간의 행동, 선택, 태도는 가치에 의해 영향을 받게 된다. 가치는 역사적, 문화적, 시대적, 사회적 배경과 같은 다양한 조건 속에서 형성되기 때문에 가치관은 다양할 수밖에 없다. 어느 시대에 속한 사람인가에 따라서 가치관은 상황의 영향을 받게 되고 변화하기 마련이다. 다양한 가치가 존재하는 현대에서 무엇이 바람직하고, 모든 사람이 공통적으로 받아들일 수 있는 가치인가를 정의하기란 쉽지 않지만 시대와 문화를 초월하는 궁극적이고 보편적인 가치는

바로 인간의 존엄성이다

2) 사회복지의 가치

사회사업(복지) 실천의 본질적인 요소는 가치, 지식, 기술로, 사회사업의 실천은 가치와 지식과 기술의 총체라고 말한다.(발트렛Bartlett, 1970)

고든(Gordon, 1965)은 사회사업은 전문직 중에서도 가장 그 가치를 기반으로 하는 직업이라고 말하고 있으며, 리머(Reamer, 1999)는 사회사업의 프레임워크는 일련의 가치(a set of values)라고 하였다.

또 사회사업은 실천이 중요한 부분으로 있는 한 가치자유(중립성을 위해 가치판단을 배제하다)라는 입장을 배제할 수는 없다. 실제 사회복지 실천의 다양한 장면(현장)에서 가치는 끊임없이 질문 받고 있다. 복지영역에서 일하는 데에 있어서 중립성을 위해 가치판단을 배제하는 가치자유라고 하는 길은 없고(Pearce, 1996), 사회사업 등의 대인원조 실천은 윤리강령이나 정의, 인권에 뿌리를 두고 있기 때문에 이미 어떤 가치나 진리에 관여하고 있다고 생각된다.(Canda & Furman, 2010) 아키야마(秋山, 1980) 또한 주체적 가치판단(전문적 가치판단) 없이는 사회복지 실천은 있을 수 없다고 주장하고 있다. 이와 같이 가치는 사회사업 실천, 사회복지 실천의 기반을 이루는 것으로 실천자(사회복지사)는 자신의 가치관에 대한 통찰과 타인이 가진 가치관에 대해 항상 민감해야 한다.(Canda & Furman, 2010)

3) 사회사업(복지)의 가치, 지식, 기술의 관계

사회사업의 3요소의 하나인 가치에 대해서 살펴본 바, 그렇다면 지식과 기술은 가치와 어떤 관계가 있는 것일까? 지식은 사람을 이해하고 욕구를 알기 위한 것이다. 그것은 환경과 그 속에 있는 사람을 이해하는 지식뿐만 아니라 가치에 기초한 사회사업 실천을 도출하는 근거가 되는 이론이나 모델이 포함된다.(Brown, 1996) 실천기술은 그것들을 근거로 도출되는 것이기 때문에 어떤 경우라도 개입의 레퍼토리가 없고 새로운 방법을 찾아야 한다면 기술적인 가능성을 찾기보다는 가치 있는 지식에서 항상 도출되어야 한다. 이와 같이 가치, 지식, 기술은 양립하고 있는 것이 아니라 사회사업 실천에 있어서 가치는 항상 그 근저에서 지식과 기술을 떠받치고 유지하고 있다고 생각한다. 기술은 지금도 발전하고 진보하고 있다. 사회사업 실천에 있어서도 지식과 기술이 가치의 뒷받침이 되지 않으면 바람직한 실천요인을 찾기 위한 근거를 확보하기 어렵다.

그렇다면 가치가 보여주는 '바람직한 것'이나 '선한 것'은 무엇을 가리키는 것일까? 시마다(島田, 1980)는 바람직한 것(the desirable)에 대해, 개인 및 집단이 갖는 명시적 또는 암묵적 개념이지만 현대사회에서 개인과 집단이 보여주는 바람직함도 있으며 반드시 한 방향을 가리키고 있다고 할 수 없다고 하였다. 오히려 '바람직함'은 개인마다 다르고 사회에서도 끊임없이 요동치고 있다고 하였다.

가치의 구조는 판단기준이 미치는 내용에 따라 3층 구조(표층적 가치관, 중층적 가치관, 심층적 가치관)를 가지고 있다고 생각되며, 이는 변화하기 쉬운 가치관, 완만히 변화하는 가치관, 변화하지 않는 가치관 등의 구조이다. 변화하기 쉬운 가치관은 무엇이 좋고 바람직한가라는 판단을 개인의 기호에 근거하는 것이다. 따라서 상황이 바뀌면 그에 따라 즉시 변화하는 가치관이다. 대표적인 예가 유행이다. 유행의 표준 또는 기준은 매년 변하고 있다. 작년에는 A스타일의 옷이 선호되었지만 올해는 B스타일의 옷이 선호되어 A스타일은 이미 시대에 뒤떨어진 옷이 되는 것이다. 또 내년에는 C스타일의 옷을 입지 않는다면 시대에 뒤떨어진다는 것과 같다. 이처럼 개인의 생활 중에서 취향이나 기호의 선택과 같이 판단기준이 짧은 시간 안에 변화하는 것이 표층적 가치관이라고 볼 수 있다.

다음으로 생각할 수 있는 가치관은 중층적 가치관으로, 표층적 가치관에 비하여 변화의 속도가 좀 더 완속적緩速的이며 시대나 문화적인 영향을 많이 받는다는 측면에서 개인이 추구하는 지향성이나 취향의 영향을 크게 받지 않는다고 할 수 있다. 중층적 가치관은 시대와 함께 조금씩 변화하여 수십 년 또는 수 세대를 거쳐 변화한다. 결혼관을 예로 들어보자. 1950~60년대에는 결혼해서 아이를 갖는 것이 당연하고 결혼 전에 남녀가 동거하거나 아이를 갖는 것에 대하여 사회적으로 수용적이지 않았다. 그러나 현재는 동거 후 결혼하거나 아이를 출산하는 것이 비난받아야 할 일이 아니다. 또 다른 예로 교육에 관련된 가치관의 변화도 있다. 교육 과정 상에 발생하는 폭력을 수반하는 힘과 권위에 의한 강압적(스파르타식) 교육이 좋은 교육이라고 인정하던 시대로부터 수십 년이 지난 현재는 강압적인 교육이 학대로 간주되어, 바람직한 교육의 가치관이 변화되었음을 알 수 있다. 이렇듯 중층적 가치관은 장시간에 거쳐 완속적으로 변화한다.

마지막의 심층적 가치관은 핵심적 가치관으로, 불변의 가치관 또는 쉽게 변화하지 않는 가치관이다. 예를 들면 사회복지의 핵심 가치는 '인간 존엄'으로 이 가치관은 현재까지도 전승되고 있다. 인간은 항상 존엄의 대상으로 여겨져야 하며 이것은 개인과 사회에서 공유되는 보편적인 본성을 가진 기준이다.

2. 종교와 사회복지

1) 종교의 위치

인간의 욕구 중에 종교적 욕구는 인간 존재의 근저에 있는 것으로 매우 강렬한 욕구로 인식이 되며, 종교는 인간의 문제를 궁극적으로 해결하고자 함을 최고의 과제로 삼고 있다. 여기에서의 종교는 구성체로서의 교주, 성전, 신도 등의 조직을 가지는 일반적인 종교를 의미하며 자연종교, 즉 조상신 숭배나 토속신앙 등은 의미하지 않는다.

2) 국가와 종교의 사회복지

국가와 종교의 관계는 고대의 초기 국가형태 때부터 현대국가에 이르기까지 패권(국가)과 권위(종교)가 항상 대립적 관계로 이어져왔다. 플라톤은 국가의 지배력(패권)을 '거대한 괴물'로 표현하였으며, 중세에 와서는 국가와 종교의 위상이 교권(敎權: 교황)과 왕권의 싸움에서의 승리 여부에 따라 왕권이 교권보다, 또는 교권이 왕권보다 우월적 위치가 정해지고 있었다. 대표적인 예가 '카노사의 굴욕'[1] 사건이다. 이 사건은 최고 정점의 교권(교황)이 국가 패권의 상징인 왕(하인리히 4세)을 파문함으로써 종전의 교권보다 동등하거나 우월적 권한(위치)을 가지고 있던 패권(왕권)의 전통적 지위를 누르게 된다.

또 하나의 사례는 영국 국왕의 이혼 승인 여부를 둘러싼 왕권과 교권의 불화이다. 영국 국왕 헨리 8세가 교황의 이혼 승인을 받지 못하자, 특유의 왕권으로 정치는 물론 종교에 큰 영향력을 행사하고자 로마 교황의 지배력을 벗어나 국왕 중심의 새로운 교회를 만든 것이 영국국교회(성공회)이며, 이는 왕권이 교권보다 우월하다는 인식에 기반한다.

국가와 종교가 실시하는 사회복지 행위의 성격은 공공의 성격(public)을 지니는가 민간의 성격(private)을 지니는가로 구분되며, 또한 법정 성격(statutory)이냐 자발적(voluntary)이냐 하는 논의는 사회복지에 있어서의 공공과 민간사업이 역할 분담으로 검토되기 시작하였다. 따라서 현재의 상황은 사회복지의 공급 주체가 국가뿐만 아니라 종교로 확장되고 있으며, 앞으로는 민간의 비종교 분야에서도 점차 사회복지 공급 주체가 다양화될 것이다.

---

1 카노사의 굴욕: 서임권(성직임명권) 투쟁의 일환으로 교황 그레고리 7세가 독일 국왕 하인리히 4세를 파문한 사건으로, 하인리히가 교황이 머물던 카노사 성에서 금식과 맨발로 교황에게 1077년 1월 25일부터 3일간 용서를 구한 사건. 교황은 이 사건 후 파문(폐위)을 해제하였으며, 이로써 교황권은 왕권보다 더욱 높아졌다.

3. 사회복지와 불교: 대승불교의 기본성격

1) 대승불교의 특징

대승불교는 부파(소승)불교[2]에 대비되는 불교 종파로, 모든 사람들의 구제를 지향하는 보살신앙을 바탕으로 하여, 자신의 구원을 우선시하는 소승(상좌부)불교[3]와 차이가 있다. 대승불교는 누구나 성불할수 있고 누구나 깨달음을 얻을 수 있다고 가르치는 데 반해 상좌부불교(소승불교)는 출가하여 깨달음을 얻은 자만이 구원을 받는다고가르친다는 것이다. 대승불교는 사상적으로 공空사상에 기반하여모든 것은 그 자체의 실체를 가지지 않는 무자성無自性[4]이며, 실천적으로는 무엇에도 얽매이지 않는 무집착을 지향하고 있다.

　　대승大乘에서 '승'은 '탄다, 탈것'이라는 의미인데, '대승'은 큰 수레라는 뜻으로 자신만이 아니라 중생들도 함께 태운다는 의미가 있어

---

2 부파불교部派佛敎: 시기적으로 원시불교 이후의 불교를 의미한다. 출가주의를 지향하며 니까야, 아가마를 중심 경전으로 하고 대승의 경전은 다루지 않는다. 또 경전의 이론과 실천의 개념 정리를 체계화하여 논서를 편찬하여서 아비달마불교라고도 불린다. 부파불교는 대승과 대비되는 소승의 성향을 지니고 있다.

3 상좌부불교上座部佛敎: 주로 동남아시아(미얀마, 태국, 캄보디아, 라오스, 스리랑카등)에 분포되어 있으며, 흔히 대승에 대비되는 소승불교라고 지칭하고 있으나이는 맞지 않는 것이다. 고대 인도의 빨리어로 된 경전을 정경으로 받아들여붓다의 계율을 원칙대로 지키는 불교로 대중부 불교와 함께 불교의 2대 부문部門의 하나로 초기불교의 원형을 가지고 있다는 평가를 받고 있다. 장로불교라고도 불린다.

4 무자성無自性: 영원히 자성이 없음, 자성은 자신의 본질, 본성, 실체, 본성등을 의미.

신앙이 있으면 누구라도 구원받을 수 있으며, 자신보다 중생을 먼저 구제하는 것을 우선시하고 자신의 구원 여부는 붓다에게 맡긴다는 것을 중시한다. 대승불교는 보살을 이상적인 모델로 삼고 있는데, 보살은 자신뿐만 아니라 중생도 깨달음을 얻을 수 있도록 인도하는 것을 수행의 덕목으로 삼고 있다.

박경준은 대승불교의 특징을 다음의 여섯 가지로 정리하였다. 첫째, 대승은 보살승이다. 일반적으로 소승은 성문승이며 아라한을 궁극적 목표로 하지만, 아라한은 출가 승려에게만 제한적으로 가능한 목표이다. 그러나 보살승은 성불成佛을 궁극적 목표로 하며 이 목표는 출가자와 재가자 모두에게 열려 있다. 둘째, 대승은 자율적 원행사상願行思想[5]이다. 소승이 업보 윤회의 고통에서 벗어나고자 하는 소극적인 타율적 해탈사상이라 한다면 대승은 성불과 중생구제를 위해 스스로 악취惡趣[6]에 나아가는 적극적인 자율적 원행사상이다. 셋째, 대승은 이타주의이다. 소승이 자신만의 완성을 위해 수양하고 노력하는 자리주의自利主義라면 대승은 일체중생을 제도하여 사회 전체를 정화하고 향상시키고자 하는 이타주의利他主義이다. 넷째, 대승은 공空사상을 기초로 한다. 소승이, 삼세실유三世實有 법체항유法體恒有 등의 사상을 통해 알 수 있듯이, 경전의 언구言句에 갇혀 사물에 집착하는 유有의 태도를 보이는 데 반해 대승은 반야바라밀의 공무소득행空無所得行을 지향하는 공空의 태도를 견지한다.

---

5 원행사상願行思想: 어떤 목적을 이루려는 원願과 그것을 이루기 위한 수행사상. 서원과 수행을 의미.

6 악취惡趣: 중생이 악업惡業의 인因으로 말미암아 태어나는 곳.

다섯째, 대승은 실천 지향적이다. 소승이 이론적이고 학문적인 경향
이 많고 실천과 무관한 현학적 사연으로 흐르는 경향이 짙은 데
반해 대승은 실천 신앙을 중시한다. 이론은 반드시 실천의 기초가
되는 것이어야 하며 공리公理를 배격한다. 여섯째, 대승은 일반적
재가불교라 할 수 있다. 소승이 전문적 출가 불교임에도 불구하고
소승적, 세속적 입장을 취함에 반해 대승은 대중적, 재가적임에도
그 경지는 제일의적第一義的이다.(박경준, 재인용)

2) 대승불교의 보살신앙

보살은 산스크리트어 보디사트바(Bodhisattva)의 음사 보리살타菩提
薩埵의 준말로 '구도자', '지혜자' 등의 뜻이 있으며, 일반적으로 대승
불교 쪽에서 많이 사용되어 대승의 교의를 충실히 수행하는 사람이
다. 보살의 사유체계는 중생 누구나 불성을 지니고 있다는 것이다.
(신일섭, 2021)

보살은 상구보리上求菩提, 하화중생下化衆生하는 불자로 실천덕
목으로는 6바라밀로서 보시, 지계, 인욕, 정진, 선정, 지혜가 해당된
다. 보살행으로서의 자리즉이타自利卽利他, 이타즉자리利他卽自利
는 타자(타인)에게 복지활동이 되며, 이 보살행에는 정신적, 물질적
양면성을 포함하고 있다고 신일섭(2021)은 보았다.

박경준은 보살은 하화중생下化衆生과 요익중생饒益衆生을 위해
끝없이 노력하며, 보살의 길인 자리이타는 상구보리 하화중생이
암시하듯, 원래 자각각타自覺覺他의 의미라고 할 수 있으며 그 내용이
확장된다고 하였다. 보살은 미혹한 중생을 깨달음으로 이끄는 것이

본래의 사명이지만, 중생의 현실적 아픔과 괴로움도 위무하고 해결
해 주려고 노력하는 자이다.(박경준, 2009)

보살은 한마디로 대승불교 및 불교사회복지에 있어서 가장 이상적
인 인간상으로, 보살신앙은 연기상관 관계를 기반으로 보살행을
실천하고, 자리이타의 교의를 완성하여 대승의 불교적 생명력을
완성(성불)하며, 중생구제를 통한 고통과 미혹을 극복하고, 세상(사
회대중)과 소통하는 실천 지향적 신앙인 것이다.

4. 일반사회복지와 불교사회복지의 관계

1) 불교의 사회적 책임(BSR: Buddhism Social Responsibility)

종교가 사회에서 지니는 '사회적 책임'의 영역 중에서 복지 부분에서
의 책임은 국가와 거의 동등한 수준에서 요구받고 있는 것은 건강한
사회를 추구하자는 대중의 기대가 크기 때문이다. 나아가 국가가
최소한의 일차적 욕구충족을 복지의 정책적 기준점으로 삼을 때
불교사회복지는 일차적 욕구는 물론 정서적·심리적 욕구인 이차적
욕구 해결까지 관심을 기울이고 있다는 것이 특징이라고 하겠다.

'사회적 책임'을 실천하기에 앞서 불교의 '사회적 기능'이 무엇인지
파악할 필요가 있으며, 이는 불교의 종교로서의 고유성 중에서 찾아
내야 할 것이다. 사회복지에 있어서 불교의 사회적 기능이 사회복지
의 일반적인 가치와 윤리, 목적과 목표, 지식과 기술 차원에서 어떻게
부합이 되며 또 어떻게 조화를 이룰 것인가가 중요하다.

사회복지가 가치, 지식, 기술의 총체로서 학문적이고 실천적인

체계를 구축하여 국가와 사회의 지지를 받고 있는 데 반해, 불교사회복지는 자발적이고 독립적인 실천체계를 지닌 민간 복지의 공급자로서의 기능과 역할을 중심적으로 수행하다 보니 학문적이고 실천적인 시스템 구축은 미흡한 조직으로 인식되어 있다. 다만 불교사회복지의 차별화되고 특색 있는 서비스가 제공되어 일반사회복지의 획일성에 대해 상대적으로 유연함이 강점으로 꼽히고 있다는 것은 색다른 영역일 수 있지만, 이 점이 불교가 지닌 종교적 특징으로 인식되어 자칫 불교사회복지의 동기나 목적을 일반사회복지와 다르게 볼 수도 있을 것이다. 불교사회복지를 종교사회복지의 관점에서 일반사회복지와의 관계적 구별에 대해 권경임(2004)은 다음과 같이 말한다. 즉 종교사회복지는 그 지향하는 목적에 있어서 일반사회복지에서 지향하고 있는 복지(Well-being)의 상태를 넘어서 존재의 변화를 그 최종적인 목표로 한다. 여기에서 존재의 변화란, 단순히 복지대상자인 클라이언트의 상황변화만이 아니라 그 상황 속에 살아가는 사람 자체의 변화를 뜻한다. 따라서 일반사회복지가 생활의 조건을 구성하는 정치·사회·경제·문화의 영역에서 어려움을 해소하는 것을 궁극적인 관심 영역으로 규정한다면, 종교사회복지는 거기에 머물지 않고 그 복지대상자의 내적인 영역인 심리적, 정서적인 영역뿐만 아니라 영적인 영역까지도 포함해서 다루게 되는 것이다.

　또한 일반사회복지가 인간에 대한 존엄성과 평등 및 사회연대의식의 실현에 기초해서 그 실천원리를 제시하고자 한다면, 종교사회복지는 종교 자체가 가지고 있는 사회적 실천원리라고 할 수 있는 사랑과 자비의 종교적인 이념에서 그 실천원리를 구축하고자 한다.

이와 더불어 일반사회복지가 현실에 대한 명확한 이해를 위하여 일반사회과학의 제 이론 및 심리학, 사회학 등의 전문지식을 사용한다면, 종교사회복지는 다른 어떤 사회과학 지식보다도 종교가 지닌 사회적이고 실천적인 교리와 이념에 근거를 두게 된다고 하였다.(권경임, 2004)

위의 논거에 의하면 종교사회복지는 복지 실천의 가치와 방향성에서 그 종교가 지니는 전반적인 특징이 나타날 수밖에 없으며, 불교사회복지도 예외는 아닐 것이다. 따라서 불교사회복지도 일반사회복지와 타종교의 사회복지와는 다른 특유의 이념이나 사상, 교의 등을 현대사회에 맞게 재해석하고 사회복지적 영역을 재구축하여 실천의 동기를 충분히 제공해야 한다.

2) 일반사회복지와 불교사회복지의 관계

복지와 불교의 관계에 대해 생각해볼 수 있는 접근 방법은 우선 불교의 사상적 관점에서 사회에 접근하는 것이며, 다른 하나는 사회적 관점에서 불교의 사상에 접근하여 행위나 행동의 규범을 얻는 것이다. 이렇게 접근의 주체가 다르지만 공통점은, 불교사상을 사회적 영역에 대입하면 이고득락離苦得樂의 사상에 부합된다는 점이다.

이는 일반사회복지가 지향하는 인식, 즉 인간이 접한 제반 문제를 해결해서 행복을 추구케 한다는 정신과 맥을 같이한다고 볼 수 있다. 그러나 차이점을 보면 불교사회복지는 실천 동기를 종교적(불교)으로 삼아 사회적으로 실천하는 행위인 반면, 일반사회복지는 사회의 구조적 모순(정치·경제·사회 등)에서 나타나는 불합리성에

대한 이론의 적용과 평가 등의 사회과학적인 방법을 통한 실천
행위이므로 궁극적 지향점이 다를 수 있다. 권경임은 일반사회복지
와 불교사회복지의 관계를 네 가지 유형으로 도식화하여 정리했다.

가.

일반사회복지의 범주 안에 불교
사회복지가 포함되어 있는 형태
로, 현실적이고 실천적인 면에서
불교사회복지의 정체성이나 특
수성을 인정하지 않는 경우로, 개
념적으로는 '불교사회복지'적인

관점을 지향하고 있다고 하겠다.

나.

불교사회복지의 범주 안에 일반
사회복지가 포함되어 있는 형태
로, 불교사회복지가 일반사회복
지의 범주를 초월했다고 보는 관
점으로 이상적이고 가치적인 면
에서 일반사회복지의 정체성을

인정하지 않는 경우인데, 개념적으로 '불교복지'적인 관점을 지향
하고 있다고 하겠다.

34

다.

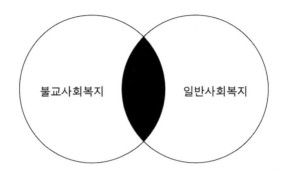

불교사회복지와 일반사회복지가 공통점과 차이점을 인정하면서 각기 고유한 영역에서 활동하는 경우다. 사회복지영역에서 불교 사회복지와 일반사회복지가 공통적인 면을 지니고 있으면서 서로 다른 차이점을 이해한다면 보편적인 복지로서 발전해 나갈 수 있는 바람직한 형태가 될 것이다.

라.

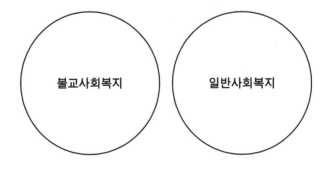

불교사회복지와 일반사회복지가 공통적인 면을 인정하지 않고 각기 고유한 영역으로만 존재하는 경우인데, 불교를 현실사회와

격리된 초월적 관점으로만 인식하려는 입장이다.

- 불교사회복지와 일반사회복지의 다이어그램(권경임, 2004)

3) 불교사회복지의 고유성

사회복지는 사회적 욕구를 갖고 있는 사람과 욕구 해결을 위해 지원하는 사람 간의 상호행위로 구성되는 사회현상으로서, 불교는 사회복지의 방향성을 모색할 때 과거의 구제관이나 사상에 맞추기보다는 현실을 직시하고 불교의 진리(교리)가 어떤 형태로 재해석되어 사회복지의 구체적인 활동에 기여를 할 것인가를 심도 있게 생각해야 한다. 특히 불교사회복지가 감성적, 윤리적, 실천성에서는 뛰어나지만 사회적 함의나 논리성에 취약하므로 이에 대한 구성원과 지도층(교단)의 논의가 요구되고 있다. 구성원과 지도층의 논의를 통해 일치된 지향점이 도출될 때 불교사회복지의 고유성이나 정체성이 확립될 것이다.

불교사회복지가 실천되더라도 국가나 민간에서 제공하고 있는 것과의 차이를 찾기가 어렵다면 그것은 불교 특유의 종교적 특성을 상실하는 것과 같은 것이다. 현대는 불교가 종교로서 존재하는 것만으로는 사회에 어떤 공헌을 가져다줄 것인지를 묻는 사회가 되었는데, 이에 대한 불교의 대응은 불교의 진리를 재해석하여 '현대화'하는 것이다. 아울러 복지 전달체계로서의 기능과 역할을 현대에 맞게 새롭게 정립하여 고유성과 정체성을 제시해야 할 것이다. 즉 불교의 사회복지 전달체계는 신앙 기반 조직(FBO: Faith Based Organization)에 기반한 것이기에 차별성을 요구받고 있는 것이다.

II. 『법화경』에 나타난 복지사상

1. 『법화경』의 성립과 배경

1) 『법화경』 성립 시대

『법화경』은 초기(제1기) 대승불교 시대에 성립된 경전이라고 불교학자들은 생각하고 있다. 초기 대승불교에서도 『아미타경』, 『반야경』(소품계) 다음으로 성립되었다. 기원 전후에 서북 인도에서 성립된 것으로 추측되며, 중앙아시아를 거쳐 중국에 전해졌다.

2) 『법화경』 편찬 장소

『법화경』이 인도권에서 성립됐다는 것에 대하여 달리 이론이 없다. 산스크리트어 사본이 간다라, 네팔, 중앙아시아에서 다수 발견되고 있으며, 인도권 논문에서도 『법화경』에 대한 언급이 있다. 인도에서 작성된 곳은 인도의 카스트제도[1]의 영향력이 못 미치는 변경 지역이라는 설도 있다. 그 이유로는 『묘법연화경』 신해품 제4의 장자궁자의 비유를 들 수 있다. 출생에 따라 직업이 결정되는 카스트제도가 있는 인도 사회에서 화장실 청소부터 시작하여 재산을 관리하는 직업으로까지 등용되는 신분의 상승은 불가능하다는 것이다. 그러나 다른 한편으로는 다음과 같이 생각할 수도 있다.

붓다 당시의 시대에는 인도의 전통적인 브라만교(Brahmanism)[2]에 의한 통제력이 약화되고 사상적으로 자유로운 분위기가 조성되고 있었다. 불교나 자이나교가 일어난 것도 이 시대였다. 경제가 발전함에 따라 일부 상인들은 부자가 되어 왕권을 갖기도 하였다. 서민층인 바이샤 중에서 부유한 사람은 사제 계층인 브라만이나 왕족 계층인 크샤트리아에 대한 상대적 지위를 높였을 것이라고 추론할 수 있다. 이러한 시대적 흐름을 볼 때 브라만교는 쇠락해 가고 불교는 인도 전역에 퍼져 이른바 종교적으로 주류화의 길을 걷게 되는 상대적인 힘을 지니게 되었다. 또는 인도의 일부가 그리스계 국왕의 지배를 받기도 했으므로 카스트제도가 영향을 받았을 것이라고 생각할 수 있다. 또 붓다는 사성평등을 설파하고 불교교단 내에서는 카스트제도를 들여오지 않았으므로 이 또한 불교가 인도 전역으로 확산되는 계기가 되었을 것이다. 이런 점을 고려하면 인도 사회의 중심에서

---

1 카스트제도: 인도의 전통적인 신분질서 제도로 모두 5계급(계급 외 포함)으로 되어 있다. 제1계급으로 브라만(사제), 제2계급으로 크샤트리아(왕족·무사), 제3계급으로 바이샤(서민: 농·상·공인), 제4계급인 수드라(노예)가 있으며, 계급 외로는 불가촉천민인 찬달라가 있다.

2 브라만교(Brahmanism): 인도 토착 원시종교, 힌두교의 성립에 기본적 이념 및 사상적 배경이 되었다. 바라문교라고도 하며, 베다 경전(리그베다, 사마베다, 야주르베다, 아타르바베다)을 사용한다.

장자궁자의 비유가 등장할 가능성도 배제할 수 없다.

3) 『법화경』 편찬자

『법화경』의 편찬은 기원후 50년에서 150년쯤이라고 불교학자들은
보고 있다. 그러나 붓다의 생몰년은 기원전 463~383년경(기원전
566~486, 624~544년이라는 설도 있음)으로 알려져 있다. 이렇게 보면
적어도 붓다의 시대와 『법화경』의 성립 편찬에는 500년의 차이가
있다. 역사상 붓다가 설파한 것이 아님이 자명하다. 만약 붓다의
입멸 직후 『법화경』이 있었다면 부파불교의 경장에 들어가 있어야
타당하며 그 경장에도 해설이나 인용이 되어 있어야 한다.

　그렇다면 누가 편찬했을까? 현재로서는 인도불교학적 고찰을
바탕으로 유추할 수밖에 없다.

　어디까지나 추론 내지는 유추의 영역이지만 다음과 같이 정리가
된다. 붓다가 입적한 지 수백 년이 지난 기원전후 인도에서 열성적인
불교도들이 있었다. 이들은 부흥하기 시작한 대승불교(『아미타경』이
나 초기 『반야경』)에도 보수적인 소승(부파불교)불교의 교의에도 만족
하지 못하고 있었다. 이들은 어떤 가르침을 받고, 니르바나(Nirvana)[3]
의 경지에 이르려면 수행은 어떻게 해야 할지를 고심하며, 불사리탑
을 공양하고 명상하며 또 학문을 통해서 사유하고 있었다. 붓다에게
직접 묻고 싶었지만 수백 년간의 시차로 인해 직접 질문을 할 수

---

3 니르바나(Nirvāṇa): 깨달음을 얻고 차안此岸에서 피안彼岸으로 넘어감을 뜻한
　다. 산스크리트어로 죽음 또는 열반 → 번뇌가 소멸된 상태이거나 깨달음이
　완성된 상태.

없었다. 어느 때 수행자가 명상 중에 붓다를 상견하는 종교적 체험을 하여 그 체험을 시(운문)로 작성하여 말하게 되는데, 그것은 표준 산스크리트어[4](범어)가 아니라 프라크리트어[5](속어)에 가까운 산스크리트였다. 속어에 가까운 산스크리트를 사용한다는 것은 교양이나 재능이 있는 일정의 지적 수준을 유지하고 있는 수행자가 아니었을 것이다. 그렇기 때문에 교양이나 재능에 상관없이 니르바나의 경지를 얻을 수 있는 궁극의 불교를 추구했을 것이다. 붓다를 갈망하고 그 공덕이 붓다의 입멸 후의 세계에까지 미칠 것을 신봉하는 신앙심이 돈독한 승려이거나 재가자였을 것이다. 그 운문(게송)에 감동한 산스크리트에 능통한 수행자들이 그 내용을 다듬고 산문(장행)을 부가하고 새로운 운문도 추가하고 집대성하여 심화시키면서 『법화경』은 형성되었을 것으로 본다.

4) 『법화경』의 사회복지 사상

『법화경』은 많은 불경 중에서도 '경전의 왕'이라고 불리며, 아시아 각국에서 넓은 신앙을 가진 경전으로 많은 국가에 정신적으로 다대한 영향을 끼쳤다.

일본 불교사회복지의 초기 연구자의 한 사람인 모리나가 마쓰노부

---

4 산스크리트어(Sanskrit): 인도의 고전어. 힌두교, 대승불교, 자이나교 경전의 언어. 인도 아리아계의 고급어휘의 근간을 이루고 있다. 인도의 공용어 중에 하나이며 현재도 학교에서 교육하고 있다.
5 프라크리트어(Prakrit): 산스크리트가 문학, 공식 및 종교 목적으로 사용되는 표준어로 인정된 반면 프라크리트어는 지역 방언으로 간주된 속어이다.

(森永松信)는 『법화경』의 복지이념에 대하여 다음과 같이 피력하고 있다.

> 『법화경』은 요약하자면 인간의 복지 탐구의 장長을 넓게 하여 지상 사회생활에서 찾고, 그것을 활동의 본래 장소로 하여 인류 복지실현을 위해 성스러운 행行을 전개하는 인간상을 묘사한 것은 아니다. 그것은 이러한 인간상의 본연의 자세를 주체적으로 하는 개인의 인격적 관점보다 객관적으로 인간관계의 사회생활적 관점을 양면적으로 해명하고 있다. 서술방법에 대해서는 이법적 理法的 설명법과 비유적 설명법 및 인연적 설명법 등 세 가지의 설명법이 있다. 예로부터 삼주설법三周說法[6]이라고 불리는 방법을 취하고 있는데, 『법화경』에서는 이법적 설명법이 극히 적고 교리의 본질적 설명은 주로 비유적 설명과 인연적 설명의 두 가지 방법을 따르고 있다. 이러한 설명으로 이상적인 인간의 성스러운 인격적 내용, 그것을 목표로 연마하기 위해 신명을 바치는 치열한 인간의 의지와 신념, 나아가 그 실천력을 핵심으로 하는 인간관계가 실로 깊고 중후하게 표현되어 있으며, 또한 유례없는 문학적 구성과 표현 등이 실려 있다.(森永松信, 1964. pp.130~131)

---

6 삼주설법: 근기根機를 셋으로 구분해서 상근기의 설법인 법설주法說周, 중근기의 비유설법 비설주譬設周, 하근기의 인연주因緣周를 말한다. → 일체중생을 빠짐없이 제도하는 방법론.

이처럼 『법화경』은 이론적 설명보다는 비유와 인연을 이용한 문학적 구성과 표현을 통해 인류복지의 실현을 지향하는 이상적 인간상을 제시하고 있다. 불교사회복지 연구에서는 대승불교에서 이른바 '보살행(道)'[7]이 불교사상의 복지적 이해를 고찰하는 관점의 하나로 주목받아 왔지만, 모리나가(森永)나 시미즈(清水, 2002, a) 등은 『법화경』의 보살사상에 특히 주목하고 있다. 모리나가는 대승의 보살사상이 사회복지사상과 실천에 대해 매우 중요한 기초적 원리(또는 정신)를 포함하고 있다며 다음과 같이 말한다.

사회복지를 요약하면 사회적 자원이 준비된 사회환경 속에서 사회제도나 사회관계에 관련되어 사회구성원으로서의 개개인의 생활상 어려움에 대한 조치로, 기본적으로는 인간 대 인간의 인격적 관계이며, 특히 임상적 전문가가 클라이언트에 대해 인격적 조치와 인간성 존중을 도모하고 실천의 모든 과정에서 인간존중 정신이 반영되어야 하며, 이는 대승 보살의 사상과 행도行道라고 할 것이다.(森永松信, 1975. p.316)

이렇듯 사회복지에서의 대승불교의 보살사상은 매우 중요한데, 모리나가는 『법화경』의 보살사상에 대해 다음과 같이 말하고 있다.

---

7 보살행: 보살이 부처가 되려고 수행하는, 자기와 타인을 이롭게 하는 원만한 행동. 보살도라고도 한다. 보살은 불교에서의 이상적인 인간상, 구도자, 지혜자의 의미도 있다.

정토계의 보살사상에서는 현실사회(사바세계)가 예토로서 배제
되고 그 이상사회를 서방의 불국토에서 찾는 데 반해 『법화경』계
의 보살사상은 우리 인간이 사는 현실사회를 가장 중요한 보살도
의 종교적·윤리적 실천의 중심지로 보고 있다. 즉 『법화경』의
보살도 실천의 장場은 다른 세계가 아니라 바로 현재의 지상사회
곧 현실사회(사바세계)인 것이다. 따라서 보살도의 실천대상은
실제로 지상에 살고 있는 인류 전체(地涌) 이외에는 아무것도
아니다. 바꾸어 말하면 모든 인간구제에 최고의 초점이 맞추어져
있다. 보살도의 장과 대상을 인간세계로 볼 수 있는 것이다.(森永
松信, 1975. pp.306~307)

즉 현실세계(사바세계)야말로 대승의 보살사상[8]을 실천하는 장場
이라는 것이다. 불교의 근본정신에는 '세상의 복지를 바라고 세상을
불쌍히 여기는 마음이 깔려 있다.' 와타나베(渡部公容, 1997. pp.64~
65)는 심리학의 입장에서 자신의 상담경험을 바탕으로 '법화칠유'에
대하여 고찰하고 있다. 와타나베는 법화칠유 중에는 자발성, 주체성
의 존중, 자기치유력(복원력), 신뢰관계, 상대와 동등한 입장(위치),
수동적 태도에서 능동적 태도로 변화를 촉진하는 것, 시간을 기다리
는 것, 개성의 존중, 긴급피난의 중요성 등이 나타나고 있다고 했다.

---

8 보살사상: 서원과 회향이 중심을 이룬다. 서원은 중생을 구제하겠다는 것이며,
  회향은 선근 공덕으로 타인을 위하여 헌신함을 말한다.

(1) 일승사상이 설파되는 제자들과의 '대화'

『법화경』은 『반야경』, 『승만경』, 『화엄경』 등의 대승경전과 함께 중요한 사상인 '일승一乘'사상[9]을 설파하고 있는 대표적인 경전의 하나이다.

그중에서 『법화경』은 일승사상을 명쾌하게 설파하는 경전이다. 『법화경』의 성립론에 대해서는 여러 가지 단계설이나 부가증광설付加增廣說[10]이 있으며, 특히 범문梵文 제2장(방편품)의 일부는 일승사상을 설파하는 부분을 지니고 있어 주목 받고 있다. 일승사상은 『법화경』을 관통하는 주개념으로, 이것이 불교의 복지사상과 실천에 있어서 어떤 의의를 가지고 있는지, 또 어떻게 해석할 것인가를 검토해야 한다.

일승사상에 대해 『법화경』에서는 제2장부터 제9장에 걸쳐 다음과 같이 제시하고 있다. 방편품 제2에서 붓다가 일승에 대해 설하고, 비유품 제3에서는 붓다가 사리불에게 수기(授記: 성불 보증)를 주어 삼거화택의 비유를 설파한다. 신해품 제4에서는 마하가섭 등 4명의 성문제자가 장자궁자의 비유를 이해하고 그것을 붓다에게 말한다. 약초유품 제5에서는 앞의 4명의 이해를 더욱 돕기 위하여 붓다가 삼초이목의 비유를 설파한다. 수기품 제6에서는 붓다가 4명의 제자

---

9 일승一乘사상: 성불을 실현하기 위한 궁극적 가르침을 표방하는 사상. 성문, 독각, 보살의 삼승이 최종적으로 부처가 되는 일불승一佛乘으로 돌아가야 한다고 말한다.

10 부가증광설付加增廣說: 붓다의 가르침이 남아 있는 부분에 추가하고 확장한 것이라는 설.

들에게 수기를 준다. 화성유품 제7에서는 붓다가 제자들의 과거
세상의 인연을 말한 후 화성보처의 비유를 설파한다. 오백제자수기
품 제8에서는 붓다가 부루나를 비롯한 500여 명의 제자에게 수기를
주고 제자들이 이해한 것을 의리계주의 비유로 말한다. 그리고 수학
무학인기품 제9에서는 붓다가 아난 외에 2천 명의 제자들에게 수기를
준다.

　이러한 전개과정을 보면 붓다가 이론적 가르침을 설파하는 것뿐만
아니라, 붓다의 가르침과 말씀을 어떻게 받아들이고 이해하며, 앞으
로 어떻게 실천할 것인가에 대한 제자들의 성찰과 결의를 비유를
통해 서로 말하고 있음을 알 수 있다. 이를테면 제2장부터 제9장은
일승의 가르침을 설파하는 붓다와 이를 듣는 제자들과의 '대화'로
구성되어 있다고 할 수 있다.

(2) 비유의 중요성

비유나 인연에 대한 이야기를 많이 포함하고 있는 것이 『법화경』의
특징 중 하나임에도 불구하고 비유 자체가 가지는 무게나 방향성을
언급한 것은 그리 많지 않다. 따라서 『법화경』에서의 비유에 대한
개별적이고 구체적인 고찰을 불교사회복지의 거시적 관점에서 시도
할 필요가 있다.

　『법화경』 제10장 이후를 보면 법사품 제10부터는 붓다의 입멸
후 이법理法의 유포가 주제로 되어 있다. 견보탑품 제11부터 촉루품
제22까지는 붓다의 설법의 장場이 영축산상에서 허공으로 옮겨가게
된다(虛空會). 제바달다품 제12에서는 제바달다의 성불(악인성불)과

8세의 용녀성불(여인성불)이 설해진 후, 권지품 제13과 안락행품 제14에서는 붓다 입멸 후 이법 실천의 방법이 설파되고 계중명주의 비유가 설해진다. 종지용출품 제15에서는 상행보살을 우두머리로 하는 무수한 보살들이 대지에서 솟아나고, 여래수량품 제16에서는 지용보살의 출현 의도에 답하는 형태로 여래상주如來常住,[11] 구원실 성久遠實成[12]의 붓다의 생명관이 설해지고 양의치자 비유가 설파된 다. 분별공덕품 제17, 수희공덕품 제18, 법사공덕품 제19 등의 품에 서는 여래상주를 믿는 자들의 공덕이 설해진다. 상불경보살품 제20 에서는 상불경보살의 단행예배[13]를 볼 수 있으며, 여래신력품 제21에 서는 지용보살들에게, 촉루품 제22에서는 모든 제자들에게 붓다 입멸 후의 이법 실천이 부촉付囑[14]된다. 이후에는 설법의 장이 다시 영취산으로 돌아간다(후영취산회). 약왕보살본사품 제23, 묘음보살 품 제24, 관세음보살보문품 제25, 다라니품 제26, 묘장엄왕본사품 제27, 보현보살권발품 제28의 6품은 후대에 부가된 것으로 보이는데 여러 보살들의 중생구제 실천이 드러나 있다. 이것은 사람들에 대한 모든 하늘과 보살들의 구제, 가호를 설파하는 것으로 『법화경』의 보살사상을 더욱 빛나게 하는 요체가 된다.

---

11 여래상주如來常住: 여래(부처)가 없어짐이 없이 항상 그대로 있음을 이른다. 붓다가 나고 죽는 생사를 초월한 부서지지 않는 존재임을 의미.

12 구원실성久遠實成: 무한하고 장구한 시간 이전에 부처는 이미 성불成佛하였음 을 이른다.

13 단행예배但行禮拜: 온갖 박해와 핍박에 굴하지 않고 상대를 무시하지 않고 존중하며 합장하여 예배하는 것.

14 부촉: 부탁하여 맡기다.

『법화경』에는 대략 12개의 비유가 나오는데, 대표적인 것은 7개로 법화칠유라고 한다. 삼거화택 비유, 장자궁자 비유, 삼초이목 비유, 화성보처 비유, 의리계주 비유, 계중명주 비유, 양의치자 비유 등이 이에 속한다.

불경뿐만 아니라 제반 종교의 경전에는 다양한 교훈을 제시하기 위하여 우화, 비유 등을 이용한 사례가 많은데, 이는 경전을 구성하고 있는 제반 형식에서 일정한 위치를 점하고 있으며, 이러한 표현에 그 종교의 일정한 방향성이나 지향점을 제시하고 있기도 하다. 비유는 종교의 난해하고 심오한 교리를 이론적으로 설명하는 것이 아니라 인간의 감성이나 심정에 호소함으로써 이해를 용이하게 한다. 『법화경』에서 특히 주목해야 될 비유는 "법화칠유"이다. 7유는 각각 정리된 내용으로 많은 교훈을 담고 있다. 비유를 통해서 불교사회복지적인 대인원조 방법, 혹은 사회복지 모델도 파악할 수 있다고 생각된다.

(3) 불교사회복지의 인간관·원조관

『법화경』에 나타난 인간관·원조관의 사상들이 현대의 사회복지 실천에서 어떤 의의를 갖는지 검토하고자 한다.

법사품 제10부터는 '붓다의 입멸 후에 이법理法'의 전파가 주제가 되는데, 거기에서 설파되는 보살행의 자세는 불교사회복지 실천에 중요하다고 생각한다. 물론 불교사회복지의 사상과 실천을 고려한다면 이타행利他行으로서의 보살행은 충분히 주목받고 있다. 불교의 여러 가지 가치관 중에서 인간관, 곧 자기인식(자아인식), 즉 복지 실천가·원조자로서의 정체성을 어떻게 형성할 것인가를 근본적이

48

고 본질적으로 성찰해야 하며, 이어서 타인他人 이해, 즉 함께 사는 다른 사람의 존재를 어떤 의미로 인식할 것인가, 나아가 원조관, 즉 내가 다른 사람과 어떤 관련이 있는지를 밝혀 나가는 것이 불교사회복지의 이론 구축에 필요하다고 본다. 한발 더 나아가 현대사회복지 실천에 이바지하는 불교사회복지의 기본방향을 생각한다면『법화경』을 과거에 편찬된 하나의 경전, 하나의 이야기라고 생각하지 말고 시간과 장소를 초월하여 현대를 관통하는 보편적 인간관·원조관의 이념을 정립하는 기반으로 삼아야 한다. 여기서『법화경』의 문학적 구성과 표현을 주목하여 허공회, 즉 견보탑품 제11부터 촉루품 제22에서 상징적으로 설파되는 내용을 현대적으로 이해한다면 특히 의미가 있다고 할 것이다. 이것이야말로 시공을 초월한『법화경』의 불교사회복지 이념이라고 생각된다.

2. 『법화경』의 인간관

본절에서는 불교사회복지 이념에서 중요한 부분을 차지하는 인간관에 대해서 먼저『법화경』에서의 일승사상에 주목하고 원조자에게 요구되는 자기인식, 타인 이해에 대해 고찰해 보고자 한다.

1) 일승사상에 기초한 인간관

방편품에서 붓다는 오로지 일승一佛乘의 가르침을 설파해 왔다.

가 - 舍利弗, 如來但以, 一佛乘故, 爲衆生說法, 無有餘乘, 若二若
　　三.(방편품 제2, p.29상)

나 - 諸佛以 方便力, 於一佛乘分別說三.(방편품 제2 p.79하)

다 - 是諸世尊等, 皆設一乘法, 化無量衆生, 令入於佛道.(방편품 제
　　2, p.88)

라 - 汝等勿有疑, 我爲諸法王, 普告諸大衆, 但以一乘道, 敎化諸菩
　　薩, 無聲聞弟子, 汝等舍利弗, 聲聞及菩薩, 當知是妙法, 諸佛之
　　秘要.(방편품 제2, p.100)

이들 경문에 의하면 성문·벽지불(독각·연각의 이승二乘)이나 보살
을 더한 삼승三乘과 같은 가르침의 구별(차별)은 처음부터 존재하지
않았음을 알 수 있다. 또 비유품에서는 다음과 같다.

마 - 我今還欲令汝憶念本願所行道故, 爲諸聲聞說是大乘經名妙法
　　蓮華, 敎菩薩法, 佛所護念.(비유품 제3, p.112)

바 - 是諸所說, 皆爲化菩薩故.(비유품 제3, p.122)

위의 가~바에 따르면 『법화경』에서 붓다의 일승의 설파는 자기
자신뿐만 아니라 타인을 포함한 모든 중생을 보살로 여기고 그들에게
보살로서의 자각을 갖도록 하는 관점을 제시한 것이라고 할 수
있다.

아울러 방편품에는 아이가 장난삼아 부처의 그림을 그리더라도
그 아이가 언젠가 인자한 마음을 갖고 사람들을 행복하게 하는
것으로 이어진다는 소선성불小善成佛[15]사상도 설파되고 있다.

또 『법화경』에는 불성佛性이라는 말은 없지만 일승은 불성의 인식
이 전제되어 있다고 볼 수 있다. 불성이라는 것은 일반적으로 '부처가
될 가능성'을 의미하지만 불교사회복지의 관점에서는 '사람이 자연
적으로 갖는 향상과 변화의 가능성'이라고 생각할 수 있다. 따라서
『법화경』에서 붓다의 일승사상을 설파한 것은 '모든 인간은 본래
불성을 갖추고 자타가 인간으로서의 성숙과 사회의 평안을 추구하는
보살이다'라는 인간관을 확실하게 제시했다고 볼 수 있다.

2) 자기인식과 타자他者 이해

여래사如來使

『법화경』에 근거한 불교사회복지의 실천은 대승의 '보살'로서의
자기인식이 충분하게 수용되어야 한다는 전제하에 그 목표를 이루고
완성된다고 할 것이다. 『법화경』에 설파된 보살의 자세, 호칭으로는
법사法師 또는 여래사如來使가 있으며 법사품에는 여래사라는 명칭
이 사용되었다.

---

15 소선성불: 소소한 일들을 되풀이해도 성불이 된다는 의미로, 보시를 하고
불탑을 세우거나 여러 가지 선행을 쌓으면 성불할 수 있음을 나타낸다.

若是善男子, 善女人, 我滅度後, 能竊爲一人說法華經 乃至一句當
知是人則如來使, 如來所遣, 行如來使. 何況於大衆中廣爲人說.(법
사품 제10, p.343)

여래사는 붓다의 전령자로서 입멸 후에 『법화경』을 알리는 사람이
며, 또 말법末法에 『법화경』을 알리는 붓다 직속 전령자(使者)는
지용보살로서 종지용출품從地涌出品에 나온다.

서원誓願

보살이 보살인 이유는 서원을 제1의 요건으로 가지고 있기 때문이다.
『법화경』에서의 보살의 서원에 대해서는 화성유품, 여래수량품의
경문經文에 나타나 있는데, 무엇으로 불신佛身 성취할 것인지를
생각하고 자타가 함께 부처가 되는 것을 목표로 해야 한다고 하여
'서원'의 중요성을 강조하였다.

願以此功德普乃於一切, 我等與衆生, 皆共成佛道.(화성유품 제7,
p.271)
每自作是意, 以何令衆生, 得人無上慧, 速成就佛身.(여래수량품 제
16, p.501)

52

원생願生

『법화경』의 보살 서원에 관해서는 법사품에 설명되어 있는 원생願生 사상이 주목받고 있다.

藥王, 當知. 是諸人等, 已曾供養十萬億佛, 於諸佛所成就大願, 愍衆 生故, 生此人間.(법사품 제10, p.341)

當知此人是大菩薩, 成就阿耨多羅三藐三菩提, 哀愍衆生, 願生此 間, 廣演分別妙法華經 何況盡能受持, 種種供養者. 藥王. 當知是人, 自捨淸淨業報, 於我滅度後, 愍衆生苦生於惡世, 廣演此經. 若是善 男子, 善女人, 我滅度後, 能竊爲一人說法華經, 乃至一句, 當知是人 則如來使, 如來所遣, 行如來事. 何況於大衆中廣爲人設.(법사품 제 10, pp.341~342)

諸有能受持, 妙法華經者, 捨於淸淨土, 愍衆故生此當知如是人, 自 在所欲生,能於次惡世, 廣說無上法.(법사품 제10, p.345)

위의 경문에는 '인간은 단순히 업에 의해서 태어나는 것이 아니고 삶을 자애하기 위하여'라는 서원(本願: 본원)을 가지고 이 세상 인간으 로서 태어난다는 생명관과 인간관이 제시되어 있다.

'살아있는 모든 것을 자애하기 위하여'라는 붓다의 전도선언 이래 일관되게 계승되어 온 서원사상은, 원조자들이 보살로서의 자기인 식을 철저하게 체화하여 불교사회복지의 실천을 뒷받침하는 근간이 되는 가치관으로 중요하다.

약왕보살藥王菩薩 소신燒身

약왕보살본사품에는 약왕보살이 과거 세상에서 행한 두 번의 소신공
양이 설해져 있는데, 첫 번째 소신은 이법理法을 터득한 기쁨(심대환
희心大歡喜)에서 공양했으며(약왕보살본사품 제23, pp.622~624), 두
번째 소신은 이법을 전할 사람을 잃은 깊은 슬픔에서 행해졌다.(悲感
懊惱, 戀慕於佛. 약왕보살본사품 제23, pp.628~630)

是一切衆生喜見菩薩, 樂習苦行, 於日月淨明德佛法中, 精進經行,
一心求佛, 樂習苦行, 於日月淨明德佛法中, 精進徑行, 一心求佛,
滿萬二千歲已, 得現一切色身三昧. 得此三昧已, 心大歡喜, 卽作念
言. 我得現一切色身三昧, 皆是得聞法華經力, 我今當供養日月淨
明德佛及法華經. 卽時入是三昧, 於虛空中, 雨曼陀羅華, 摩訶曼陀
羅華, 細末堅黑栴檀, 滿虛空中, 如雲而下, 又雨海此岸栴檀之香.
此香六銖, 價値娑婆世界. 以供養佛. 作是供養已, 從三昧起, 而自念
言. 我雖以神力供養於佛, 不如以身供養. 卽服諸香, 栴檀, 薰陸,
兜樓婆, 畢力迦, 沈水, 膠香, 又飮瞻蔔諸華香油, 滿千二百歲已,
香油塗身, 於日月淨明德佛前, 以千寶衣而自纏身, 灌諸香油, 以神
通力願而自然身, 光明遍照八十億恒河沙世界.(약왕보살본사품 제
23, pp.622~624)
爾時一切衆生憙見菩薩見佛滅度, 悲感懊惱, 戀慕於佛, 卽以海此
岸栴檀爲積, 供養佛身, 而以. 燒之. 火滅已後, 收取舍利, 作八萬四
千寶瓶已起八萬四千塔, 高三世界表刹莊嚴垂諸幡蓋懸衆寶鈴, 爾

時一切衆生憙見菩薩 復自念言 我雖作是供養心猶未足我今當更
供養舍利. 便語諸菩薩大弟子及天龍夜等一切大衆汝等當一心念,
我今供養日月淨明德佛舍利. 作是語已卽於八萬四千塔前然百福莊
嚴臂七萬二千歲而以供養.(약왕보살본사품 제23, pp.628~630)

이들 경문에 따르면 기쁨을 자기만의 것으로 여기지 않으며, 깊은 슬픔에 젖어 있을 때 이것의 극복을 위해 사명감을 갖고 행동하는 이법의 존중과 불석신명不惜身命[16]의 행위는 사람의 마음에 광명과 감동을 주고 그들을 인도하는 등불이 될 것이라고 생각한다.

사법성취四法成就

보현보살권발품 제28에는 사법성취가 설해져 있다.

若善男子善女人成就四法於如來滅後當得是法華經. 一者爲諸佛護
念二者植衆德本. 三者入正定聚. 四者發救一切衆生之心. 善男子善
女人如是成就四法於如來滅後必得是經.(보현보살권발품 제28, pp.
724~725)

사법성취는 첫째 여러 부처들의 보호를 받게 되는 것이며, 둘째 선행을 많이 하며, 셋째 불퇴전[17]의 자세로 깨달음을 확실하게 얻을

---

16 불석신명: 불도수행, 교화, 보시를 위해 몸과 목숨을 아끼지 않음.

것이며, 넷째 모든 중생을 구제하고자 하는 마음을 일으키는 것이다. 따라서 원조자의 자세는 불퇴전의 결의로 선행을 하고 중생을 구제하겠다는 자세가 근본이 되어야 할 것이며, 이는 이법理法 실천을 목표로 하는 보살 또는 여래사로서의 인식의 바탕에서 가능한 것이다.

3) 타자 이해

타자 이해, 즉 타인의 존재를 어떻게 인식하고 파악하느냐는 불교사회복지 실천에 매우 중요하다.

(1) 제바달다품: 악인, 선지식

佛告諸比丘. 爾時王者則我身是. 時仙人者今提婆達多是. 由提婆達多善知識故令我具足六波羅密慈悲喜捨三十二相 八十種好紫磨金色十力四無所畏四攝法十八不共神通道力. 成等正覺廣度衆生皆因提婆達多善知識故.(제바달다품 제12, pp.392~393)

제바달다의 인물상에 대해서는 많은 설들이 있으나 일반적으로 붓다를 모함하여 함정에 빠뜨리려 하고 승단(교단)에 악영향을 끼친 사악한 존재로, 『법화경』에서는 다라니품 제26에 나오는 인물을

---

17 불퇴전不退轉: 한번 도달한 수양 단계에서 뒤로 물러나지 않음. 적과의 싸움에서 뒤로 물러서지 않음.

56

가리킨다. 그러나 붓다가 과거 세상에서 섬겼던 스승이 지금의 제바달다이며, 그 제바달다를 만나 다양한 수행을 함으로써 깨달음을 얻게 되었다고 하였다.

경문은 계속해서 제바달다가 성불하는 모습을 묘사하고 있다. 자신을 적대시하고 직접적으로 해를 끼치는 존재 혹은 주변에 악영향을 끼치는 사람에 대해서 긍정적인 평가를 내리기는 쉽지 않은 일이다. 그러나 좋은 친구로 여겨 적극적으로 은혜를 느끼고자 하는 인간관은 불교사회복지의 타인 이해방식의 하나로 주목받고 있다. 이러한 인간관은 타인의 인격뿐만 아니라 다양한 인간관계로 이루어진 사회라는 관점에서 보면 외부로부터의 부정적 요인과 악조건을 파악하고 자신을 포함한 많은 사람들의 성장이나 타인 구제의 계기로 삼겠다는 생각으로도 연결되는 것이며, 복지실현을 목표로 할 때 주목해야 할 사상이라고 생각한다. 또는 사람이 악행을 하는 원인을 통찰 분석하면 인간이 가지는 다양한 욕망과 번뇌가 지배하고 있음을 알 수 있는 것이다.

인간의 악행은 인간의 나약함을 역설적으로 보여주는 것이지만 인간을 미워하거나 상응하는 벌을 준다는 것은 근본적인 해결책이라고 할 수 없는 것이다. 악행을 할 수밖에 없었던 여러 조건들을 밝히고 함께 이법을 실현하는 것이야말로 불교의 교의에 부응하는 불교사회복지의 이상적인 자세라고 할 것이다.

(2) 제바달다품: 여성
또 본품 후반에서는 용녀龍女의 성불이 설해져 있다. 붓다가 제바달다의 성불 모습을 이야기한 후, 다보여래와 함께 왔던 지적보살이 국토로 돌아가려 하자 붓다는 이를 만류하며 문수보살과 법에 대한 논의를 하도록 권한다. 이런 중에 8세의 용녀가 붓다 및 청중들 앞에서 성불하는 장면이 묘사된다. 그곳에서는 먼저 문수사리보살이 용궁에서 『법화경』을 설파하여 중생을 교화한 것이 전해지고 있다. 지적보살이 문수보살에게 그가 행했던 교화의 성패를 물었더니 문수보살은 깨달음을 얻은 인물의 예로 8세의 용녀를 소개한 것이다. 이에 대해 지적보살과 함께 사리불 또한 의문을 제기하게 되는데, 여성이 깨달음을 얻을 수 없는 이유는 여성은 더러운 몸으로서 오장五障[18]이 있기 때문이라고 하였다.

汝謂不久得無上道是事難信. 所以者何, 女身垢穢非是法器云何能得無上菩提. 佛道懸曠 經無量劫勤苦 積行具修諸度然後乃成. 又女人身猶有五障. 一者不得 作梵天王. 二者帝釋. 三者魔王. 四者轉輪聖王. 五者佛身, 云何女身 速得成佛.(제바달다품 제12, pp.401~402)

여성이 더럽다는 사고방식은 당시 인도의 사회적 배경으로 인한 인식의 현상으로, 본 경전의 작성에도 영향을 끼친 것으로 생각된다. 여성은 여성이 가진 오장으로 인해 범천, 제석, 마왕, 전륜성왕, 불신佛身이 될 수 없다고 한다. 그러나 용녀는 붓다에게 귀한 보석을

---

18 오장五障: 여성은 제석천왕, 마왕범천, 전륜성왕, 붓다가 될 수 없다는 것.

드린 후 붓다가 그 보주宝珠[19]를 손에 든 것보다 더 빨리 성불하는 모습을 보이게 된다.

當時衆會皆見龍女忽然之間變成男子具菩薩行即往南方無垢世界坐寶蓮華成等正覺三十二相八十種好普爲十方一切衆生演說妙法.(제바달다품 제12, p.403)

한역에서 '변성남자'라고 번역된 것처럼, 용녀가 남성의 모습으로 나오는 장면이 묘사되어 있다. 변성남자變成男子[20]설은 불교의 여성관을 인식하는 데 주목받고 있는 것으로, 여성오장설과 함께 불교를 부정적으로 인식하게 하여 『법화경』을 여성차별 경전이라고까지 하기도 한다. '여성은 남성으로 변화하지 않으면 성불할 수 없다'라는 교리로 이해하기 때문에 기인한다고 본다. 그러나 이는 당시 인도 사회의 성차별에 대한 인식이 영향을 미친 것일 뿐, 『법화경』의 일승사상으로 보면 여성도 남성과 마찬가지로 불성을 가진 존재이며 또 보살로서 태어난 고귀한 존재라고 이해해야 할 것이다.

용녀가 여성이라는 점, 8세의 어린이라는 것과 축생(동물)의 몸을 가졌다는 것에 주목한다면 제바달다품의 용녀성불 교설敎說은 인간뿐만 아니라 동물을 포함한 모든 생물들의 본질적 평등성과 존엄성을

---

19 보주: 보배로 여기는 둥근 공 모양의 구슬. 좌우에 불꽃 모양의 장식을 단다.
20 변성남자變成男子: 여성이 남성으로 몸을 변화한 후 성불할 수 있다는 말.

제시하고 있다고 보아야 한다.

(3) 묘음보살품, 관세음보살품: 화신化身

묘음보살품, 관세음보살보문품에는 보살이 34(37) 내지 33가지 몸으로 바꾸는 화신化身[21]사상이 나타나 있다. 화신으로 중생을 구제하고자 부처나 보살이 여러 가지로 환형幻形하여 육신으로 나타나는 것을 시현示現,[22] 권화權化라고도 한다.

- 묘음보살품妙音菩薩品의 34(37) 화신

①범왕梵王 ②제석帝釋 ③자재천自在天 ④대자재천大自在天 ⑤천대장군天大將軍 ⑥비사문천왕毘沙門天王 ⑦전륜성왕轉輪聖王 ⑧제소왕諸小王 ⑨장자長者 ⑩거사居士 ⑪재관宰官 ⑫바라문婆羅門 ⑬비구比丘 ⑭비구니比丘尼 ⑮우바새優婆塞 ⑯우바이優婆夷 ⑰장자부녀長者婦女 ⑱거사부녀居士婦女 ⑲재관부녀宰官婦女 ⑳바라문부녀婆羅門婦女 ㉑동남童男 ㉒동녀童女 ㉓천天 ㉔용龍 ㉕야차夜叉 ㉖건달바乾闥婆 ㉗아수라阿修羅 ㉘가루라迦樓羅 ㉙긴나라緊那羅 ㉚마후라가摩睺羅伽 ㉛지옥地獄 ㉜아귀餓鬼 ㉝축생畜生 ㉞어왕후궁변위여신於王後宮變爲女身 ⓐ성문형聲聞形 ⓑ벽지불형辟支佛形 ⓒ보살형菩薩形 ⓓ불형佛刑

---

21 화신: 붓다가 중생을 구제하기 위하여 여러 가지로 모습을 바꾸어 이 세상에 나타남. 권화權化라고도 한다.

22 시현: 나타내 보이다.

-관세음보살보문품觀世音菩薩普門品의 33 화신

---

①불佛 ②벽지불辟支佛 ③성문聲聞 ④범왕梵王 ⑤제석帝釋 ⑥자재천自在天 ⑦대자재천大自在天 ⑧천대장군天大將軍 ⑨비사문毘沙門 ⑩소왕小王 ⑪장자長者 ⑫거사居士 ⑬재관宰官 ⑭바라문婆羅門 ⑮비구比丘 ⑯비구니比丘尼 ⑰우바새優婆塞 ⑱우바이優婆夷 ⑲장자부녀長者婦女 ⑳거사부녀居士婦女 ㉑재관부녀宰官婦女 ㉒바라문부녀婆羅門婦女 ㉓동남童男 ㉔동녀童女 ㉕천天 ㉖용龍 ㉗야차夜叉 ㉘건달바乾闥婆 ㉙아수라阿修羅 ㉚가루라迦樓羅 ㉛긴나라緊那羅 ㉜마후라가摩睺羅伽 ㉝집금강執金剛

위를 통해서 보면 보살은 승속僧俗이나 남녀노소를 불문하고 다양한 형태의 모습을 취하고 있음을 알 수 있다. 이러한 화신化身사상은 신통력을 갖춘 대보살에 대한 신앙과 그에 따른 구제의 보편성을 설파하는 것으로 보살 본연의 자세를 원조자가 지니고 있어야 한다는 것이다. 원조자가 중생의 희망사항이나 소원을 들어주고 원조 실천에는 상황에 따라 알맞게 일을 처리하는 측면을 말하고 있음을 알 수가 있다.

(4) 묘장엄왕품: 선지식

묘장엄왕본사품妙莊嚴王本事品은 바라문에 귀의한 아버지 묘장엄왕에 대해 두 아들인 정장淨藏, 정안淨眼이 신통력과 복덕福德[23] 지혜를 가지고 아버지를 불법佛法으로 인도하였으며, 여기에는 선지식善知

識[24]이 있었고 또 이를 위해 세상에 태어났음을 술회하고 있다.

世尊. 此我二子已作佛事以神通變化轉我邪心令得安住於佛法中得
見世尊. 此二子者是我善知識爲欲發起宿世善根饒益我故來生我家.
爾時 雲雷音宿王華智佛告妙莊嚴王言. 如是如是. 如汝所言. 若善
男子善女人種善根故世世得善知識其善知識能作佛事示敎利喜令
入阿耨多羅三邈三菩提. 大王. 當知善知識者是大因緣所謂化導令
得見佛發阿耨多羅三藐三菩提心.(묘장엄왕본사품 제27, pp.715~
717)

이것은 선지식이 어린이로 화신한다는 예를 보여주는 것으로
생각된다. 그리고 부모가 자녀에게 일방적이거나 권위적으로 대하
는 것이 아니라 자신의 자녀로 태어나준 것에 대해 솔직하게 감사하
고 있는 모습을 보여주고 있어 이상적인 부모 자식 관계의 모델로
이해할 수 있을 것이다. 또 후반에 운뢰음숙왕화지불雲雷音宿王華智
佛[25]의 말은 어떤 환경에서 태어났음을 불문하고 좋은 친구를 만날
수 있다는 것을 말하고 있다.

---

23 복덕福德: 좋은 결과를 가져오는 원인이 되는 착한 일. 착하고 어진 행실에
   대한 보답으로 받는 행복과 이익.
24 선지식: 성품이 바르고 덕행을 갖추어 정도(正導: 바른 도)로 가르쳐 이끌어주는
   인도자 및 불교적 교사로 여래를 대신한다.
25 운뢰음숙왕화지불雲雷音宿王華智佛: 과거 광명장엄국에 있는 부처.

위와 같이 전술한 (1)~(4)는 타자 중에 보살로 인식되는 선지식의 특성을 적극적으로 찾아낼 것임을 시사하는 설시說示로 되어 있다. 또 보살의 원생願生사상에 대해 확인이 되고 있으며 모든 생물을 자애하기 위한 서원을 가지고 이 세상에 인간으로 태어난다는 생명관과 인간관이 제시되어 있다. 이 원생사상에 따라 원조의 대상이 되는 다른 사람도 본래 현세에 태어난 보살이라고 적극적으로 생각한다면 타인 생명의 존엄성을 인정함과 동시에 자타가 공히 복지사회의 실현을 목표로 하는 보살이라는 것으로 이해해야 할 것이다.

3. 『법화경』의 원조관

불교사회복지 실천에 이바지하는 원조관에 대해서 알아보자.

1) 대화의 불교사회복지적 이해

『법화경』의 설시說示[26]는 붓다와 제자의 대화로 이루어져 있다. 그렇다면 대화를 통해서 나타나는 시사점은 무엇인가. 여기서는 우선 붓다의 설법 의도와 제자들의 심경 변화(깨달음)라는 두 가지 관점에서 사회복지이론과 대비하여 그 의의를 다루고자 한다.

붓다의 설법 의도

우선 붓다의 설법 의도를 확인해 보면, 붓다는 방편품에서 '일승一乘'

---

26 설시: 알기 쉽게 설명함.

에 대한 가르침을 설하려는 의도가 있었으나 제자들의 지향하는 바를 알고 있었기에 다양한 방편을 활용하여 법을 설해 왔다.(방편품 제2, p.78)

또 붓다는 비유품 제3에서 현재 성문들에게 보살로서 과거로부터의 서원을 생각나게 하기 위해 『법화경』을 설파하였다. 붓다는 제자들을 성문으로서가 아니라 항상 보살로 생각하여 교화해 왔음을 알 수 있다.(비유품 제3, p.112)

붓다는 제자들에게 현재까지의 '성문'으로서의 모습, 즉 제자들이 지향하는 바를 일깨워주고 '일승'이라는 사상을 설파함으로써 보살로서의 본연의 자세로 전환시키려는 의도가 있었다고 할 수 있다.(비유품 제3, p.122)

제자들의 성찰과 깨달음

한편, 제자들은 '장자궁자의 비유'를 말하면서 자신들이 3고三苦에 대하여 고민하며 성문의 깨달음을 목표로 하고 있을 때에 심적으로 열등한 지향을 추구했다고 반성하였다. 붓다의 '일승'에 대한 가르침을 듣고 성문의 깨달음에 대한 집착을 버릴 수 있었던 것에 대해 '제법희론諸法戲論의 분변을 제거해 주셨다'고 감개하여 표현하였다.(신해품 제4, p.185)

또 제자들은 장자궁자의 비유를 말한 뒤 자신들의 자각을 '진정한 성문'이라고 말하고 있다.(신해품 제4, p.199)

따라서 제자들은 지금까지는 붓다의 가르침만을 '들음'으로써 자신의 깨달음을 추구해 왔으나 이제는 다른 일체의 모든 것에서 가르침을 듣게 되는 입장으로 선회하여 자각을 얻고 있음을 알 수 있다. 또한 의리계주依裏繫珠의 비유를 말할 때 소지小智[27]를 추구했던 것에 대한 반성이 서술되어 있다.(오백제자수기품 제8, pp.315~316)

또 '지금 제가 실제로 보살이라는 것을 깨달았습니다'라는 말도 있다.(오백제자수기품 제8, p.318) '성문'이라고 불리던 제자들은 붓다와의 대화를 통해 자신을 성찰하고 자신은 본래 '보살'이었음을 깨닫고 능동적이고 주체적으로 다른 사람에게 관계하는 것으로, 붓다와 제자의 대화는 그러한 '깨달음'의 과정을 보여준다고 할 수 있다. 또 깨달음을 얻은 제자들의 보살로서의 자각의 발로[28]는 '수기품'에 표현되어 있다.(수기품 제6, pp.229~230) 수기품에서는 붓다가 마하가섭의 수기를 함으로써 수보리, 마하가전연, 대목건련 등의 제자들이 붓다에게 수기를 청하고 있다. 여기에서도 성문으로서의 깨달음을 목표로 하는 행위가 아니라 보살로서의 자각을 볼 수 있다.

제자들은 자신들이 보살이라는 본성을 섣불리 믿지 못하고 있으며 소승의 깨달음에 대한 집착을 버리고 불안감을 없애기 위해서라도 개별적으로 수기를 바라고 미래 세계에서의 명확한 비전을 추구하며 결의를 확고히 하고 있음을 이른바 대왕선의 비유를 통해 나타내고 있다. 붓다가 비유를 설파한 주된 의도는 제자들이 갖고 있는 지향점에 대한 전환에 있으며, 제자들은 붓다의 말을 듣고 성문聲聞[29]에서

---

27 소지小智: 작은 지혜.
28 발로發露: 자신의 죄와 허물을 고백하여 참회함.
29 성문聲聞: 붓다의 가르침을 듣고 깨달음을 구하는 제자, 수행자.

보살이라는 자기인식의 전환을 가지게 된다.

원조 과정에 있어서 다양한 낙인(Stigma)을 지니고 있는 사람이나 고통을 갖고 있는 사람에게 자신도 타인에게 도움을 줄 수 있는 존재라는 인식을 심어주는 것은 쉽지 않지만, 불교사회복지 실천에 있어서 원조자가 일승사상에 기초한 인간관을 가지는 것이 중요하다. 다양한 활동을 통해 상대방도 '자신이 보살이다'라는 자각과 인간관을 공유하고 공감할 수 있게 하는 것이 『법화경』의 불교사회복지 사상의 이상적인 핵심 관점이다.

사회복지이론을 바탕으로

전통적인 사회복지나 카운슬링 이론에는 다양한 것이 있지만 붓다와 제자를 원조자와 피원조자(혹은 복지사와 클라이언트)로 관계를 바꿔 생각할 때 특히 서술적 접근(narrative approach), 권한부여(empowerment), 강점 관점(Strengths perspective) 등이 주목된다.

서술적 접근은 사회구성주의(Social constructionism)[30] 전개의 하나로 언급된 '말'을 중시하며 사회적으로 우세한 스토리를 선택 가능한 스토리로 전환해 가는 접근법이다. 권한부여는 사람이 본래 내적으로 가지고 있는 힘(power)을 재발견하여 그 힘을 발휘할 수 있도록 하는 접근법으로, 모든 인간의 잠재능력을 믿고 그 잠재능력을 발휘할 수 있도록 인간존중의 기반 아래 평등하고 공정한 사회를 실현하는 것을 말한다.

---

30 사회구성주의(Social constructivism): 사회적 현상이나 의식이 사회적 문맥에 있어서 어떻게 발전되어 오는지를 설명하는 이론.

　강점 관점은 권한부여와 관련이 있으며 사람에게 내재된 강점, 회복력, 잠재적 가능성에 초점을 맞추는 접근법이다.

　강점(Strengths)은 태어나면서부터 갖는 생득적生得的 능력, 재능(talents), 발달된 기술(skills) 등 이외에 외적인 자원이나 인물 등도 그 자원에 포함된다. 그 실천에 있어 주요 초점은 사회복지사와 이용자(Client)의 협동(collaboration)과 파트너십(partnership)이라고 할 수 있다.

　위의 세 가지는 각각 다른 접근법이지만 특징을 일반적으로 말하면 인간에게 내재된 강함, 회복력, 잠재적 가능성에 초점을 맞춤으로써 자신이나 현실의 재구성을 지향하는 접근법이라고 할 수 있다.

　서술적 접근, 권한 부여, 강점 관점을 고려한 불교의 원조관점을 '개개인의 문제를 내적 요인으로만 귀결시켜 원조자가 병리(병적)현상이나 결함(결손)으로 진단평가, 개입하여 피 원조자를 치료받게 한다'는 의학적 모델과 병리적 관점의 원조론과 비교했을 때, 불교적 관점의 원조론은 확실히 피 원조자의 수동적이고 의존적인 치료태도를 자기 스스로의 주체성(자주성)과 능동성을 발휘할 수 있도록 지지하는 원조방식이라고 할 수 있을 것이다.

　위의 접근법에 대비하여 『법화경』의 붓다와 제자들의 대화 속에서 불교사회복지적인 시사점을 도출한다면 다음과 같은 것을 생각할 수 있을 것이다.

　우선 '일승'사상을 기본적인 관점으로 하여 인간이 가진 강점(Strengths)으로서의 불성佛性을 전제로 하는 인식은 자신뿐만 아니라 타인도 '보살'로 파악하는 적극적이고 능동적인 인간관에 기초한 것이다.

다음으로 '제자의 서술, 서사'라는 점에서 볼 때 제자들이 말한 비유의 의의가 주목된다. 제자들은 단순히 붓다의 설법을 듣고 이해하는 것뿐만 아니라 자신의 성찰이나 뜻(의지)에 대한 깨달음을 자신만의 언어로 표현함으로써 '성문'에서 '보살'로 자신의 모습을 전환하여 자신을 재구성함으로써 권한부여(empowerment)를 지향하고 있다는 것을 알 수 있다. 이러한 타인과의 관계방식과 원조의 접근이 불교사회복지적인 사업의 모델이 될 수 있을 것이다.

또 붓다와 제자들의 대화는 일방통행적인 것이 아니라 대등한 관계에 의해 공동적으로 진행되었음을 볼 때, 불교사회복지 사상의 하나로서 주목받아온 사섭법의 '동사同事'[31]와도 관련이 있다.

붓다는 제자들과의 대화 중에 차례로 수기授記를 주고 있는데 그중에서도 비유품, 수기품, 오백제자수기품, 수학무학인기품, 권지품에서의 수기는 제자들의 영해領解,[32] 술성述成[33]을 승인하고 미래의 성불成佛을 보증하는 내용으로 당시의 이름과 국토환경 등을 상세하게 설명하고 있다.

지금까지 제자들을 포함한 성문, 벽지불辟支佛[34]의 이승二乘은

---

31 동사同事: 사람들에게 협력하고, 같은 모습을 가지며, 같은 일을 하면서 사람들을 교화教化하는 것. → 상대방의 입장에서 평등하게 일을 도모하다.

32 영해領解: 깨달음. 사물의 이치나 숨겨진 뜻을 궁리하여 앎.

33 술성述成: 풀어서 서술함.

34 벽지불辟支佛: 붓다의 가르침에 의하지 않고 독자적 수행으로 깨달음을 얻은 자.

성불할 수 없다는 부정적인 생각이 전제되어 왔다. 그러나 붓다의 가르침을 듣고 자신을 되돌아봄으로써 태어날 때부터 보살이었음을 깨닫고 감동하며 보살로서의 자각과 자신감을 얻게 되었다. 그래서 제자들 스스로 그 감회를 이야기하고 붓다도 제자들의 말을 받아들여 수용하고 각각 장래의 성불 모습을 설명하고 있다. 이러한 일련의 흐름은 바꾸어 말하면 제자들이 자신들의 존재에 대한 고귀함에 눈을 뜨고 자기 긍정감을 가지고 앞으로의 삶을 살아가게 되는 과정을 보여준다고도 할 수 있을 것이다.

그렇다면 수기는 '상대방의 성불을 보증한다'는 하나의 행위가 아니라 '수기授記'를 포함한 '수기'에 이르는 과정에 의해서만 현대적 의미가 있다고 생각된다. 그리고 '수기'는 대화를 통해 상대방에게 자기 긍정감을 심어주고 상대방의 자립심과 자존감을 키워주며, 진정한 자아실현을 향한 원조 방법의 최후의 마무리 단계라고 할 수 있다.

『법화경』에서의 대화에서 성문이라고 불렸던 불제자들이 보살로서의 자기인식을 깨달은 점이나 붓다가 말한 '원생사상願生思想'의 의의는 크다고 생각된다. 『법화경』 사상에 기초한 불교사회복지의 구축은 보통의 일반사회복지가 지향하는 문제해결 방식에 비해 인간 존재의 본질에 더 가까이 다가서는 시도라고 할 수 있을 것이다.

2) 법화칠유法華七喩의 복지적 이해

『법화경』의 특징 중 하나로 비유를 통한 설시를 들 수가 있는데, 대표적인 비유가 법화칠유이다. 여기서는 이 비유들에서 나타나는 복지적 의미를 찾아보고자 한다.

(1) 삼거화택三車火宅의 비유(비유품)

붓다는 방편품 제2에서 '일승'에 대해서 설하신 후 비유품 제3에서 삼거화택의 비유를 설하셨는데, 개략적인 내용은 다음과 같다.

어느 마을에 광활한 저택에 사는 장자長者가 소유한 넓은 저택에는 수많은 생명들이 살고 있었는데 문은 하나뿐이었다. 그 저택에 갑자기 불이 나서 온통 불길에 타올랐다. 장자는 도망칠 수 있었지만 안에서 놀고 있는 아이들은 노는 데에만 열중하여 화재를 알아차리지도 못하고 알려고도 하지 않았으며 놀라지도 두려워하지도 않았다. 장자는 용감하고 완력도 있어 아이들을 한데 모아 안고 밖으로 나갈 수 있다고 했지만 문은 하나밖에 없고 닫혀 있었다. 실수로 위험을 무릅쓰는 일은 없어야 하므로 빨리 거기서 나가도록 주의를 주자고 생각하였다. 그러나 아이들은 노는 데에만 열중하여 장자의 부름에 응할 수가 없었다. 그래서 아이들의 취향이나 기질의 경향을 알고 있는 장자는 아이들에게 문밖에는 멋진 양 수레, 사슴 수레, 소 수레 모양의 장난감이 있다고 말했다. 그 말을 들은 아이들은 앞다투어 불타는 저택에서 뛰쳐나왔다. 아이들이 장자에게 수레를 요구하자 장자는 아이들 각자에게 호화롭고 장엄하게 큰 흰 소의 수레를 주었다. 장자는 아이들이 모두 사랑스럽고 평등하다고 생각했기 때문이다.

여기서 장자는 붓다, 아이들은 2승(중생), 불타는 집은 중생들이 각양의 욕망으로 인해 고통받고 있음에도 불구하고 이를 인식하지 못하고 있는 현실세계의 상황이며, 양 수레는 성문승, 사슴 수레는 벽지불승(독각, 연각), 소 수레는 보살승, 큰 흰 소 수레는 일불승을 각각 비유한 것으로 생각된다. 즉 붓다는 삼승을 지양하고 가장 뛰어난 일불승의 가르침으로써 중생을 번뇌로 시달리는 세계로부터 구제하는 것을 말하는 것이다.

이 비유에서는 장자는 용감하고 힘도 있어서 아이들을 도울 수 있었음에도 불구하고 아이들이 스스로 밖으로 나가고자 하는 마음을 갖도록 했다는 것이다. 이것을 상대방의 기질이나 성격에 따라 자발성과 주체성을 끌어내는 원조관을 나타내는 것이라고 이해할 수 있다. 또는 다양한 힘에 의한 일방적이고 억지성이 있는 문제해결 방식으로 하지 않으려는 태도라고도 생각할 수 있다. 또 장자는 최종적으로 아이들에게 가장 좋은 것을 평등하게 준다. 이것은 대상을 편견 없이 치우치지 않고 평등하게 인식하고 사랑한다는 본연의 자세를 나타내고 있음을 알 수가 있다.

(2) 장자궁자長者窮子의 비유(신해품)

어릴 때 아버지 곁을 떠난 남자가 있었다. 그 남자는 오랫동안 타국에서 가난한 방랑생활을 하며 떠돌아다녔고 부자였던 아버지는 늙어서 재산을 아들에게 물려주고 싶어 하였다. 어느 날 아들은 우연히 아버지의 저택으로 찾아가지만 호화스럽고 장엄한 모습에 위축되고

자격지심이 발동하여 도망치게 된다. 아버지는 도망친 사람이 자신의 아들이라는 것을 알고 사람을 보내 억지로 데려오게 한다. 아들은 마음이 불안하고 동요되어 기절하고 만다. 아버지는 아들을 풀어준 다음 아들처럼 초라한 모습의 두 사람을 보내 저택에서 일하게 한다. 아들은 그 집에서 오물(분변)을 청소하게 된다. 아버지 또한 지저분한 차림으로 아들의 주위를 정돈하고 일하는 방식을 칭찬하고 격려하며 때로는 함께 일하기도 하였다. 아들은 스스로 하인으로 생각하고 검소한 집에 살면서 20년 동안 성실하게 일했다. 아버지는 아들이 관리인으로 성장하면서 이전의 비굴함을 부끄러워하게 되었다는 것을 알고 많은 사람들 앞에서 그가 자신의 진짜 아들이라고 밝히고 모든 재산을 상속받게 하였다.

지금까지의 가르침을 들은 마하가섭 등의 네 명의 성문제자들이 내적 성찰과 기쁨을 이야기한 것이 장자궁자의 비유이다.

　여기서 장자(아버지)는 붓다를, 자식(아들)은 2승을, 오물(분변)은 2승의 깨달음에 대한 집착을, 재산은 『법화경』의 일승의 지혜를 각각 비유한 것으로 생각된다. 아들은 자기가 누군지도 모르고 원하지 않더라도 아버지의 배려로 모든 재산을 상속받을 수 있었던 것처럼, 성문은 방편인 2승의 가르침에 만족하여 진정한 대승의 깨달음을 구하려는 시도는 하지 않았지만, 붓다는 그러한 2승의 만족이나 집착을 없애고 불자(보살)로서의 자각을 추구하고 있었다는 것을 깨닫고 성찰과 기쁨으로 말하고 있다.

이 비유에서는 우선 장자(아버지)는 처음 아들을 무리해서 억지로 집에 데려오려다가 실패하고, 다음에는 아들과 같은 복장을 한 사람을 보냈다는 점에 주목해야 된다. 이것은 원조자가 상대방과 관계를 맺을 때 태도나 옷차림 등에 대해서도 상대방에게 스트레스를 주지 않도록 배려해야 함을 시사하고 있다고 봐야 할 것이다. 또 의식주와 주변 환경의 정돈과 칭찬과 격려 그리고 함께 일하는 등의 장자의 행동은 공동작업에서 다양한 물질적·정신적 원조를 제공하면서 지켜보고 시간이 걸리더라도 상대방의 자율성을 존중하고 향상심의 생성과 자기 자신에 대한 신뢰가 회복되기를 기다린다는 원조관을 제시하는 것으로 이해할 수 있다.

(3) 삼초이목三草二木의 비유(약초유품)

장자궁자의 비유에 더하여 붓다가 거듭해서 비유한 것이 삼초이목의 비유다.

세계의 산과 계곡에는 다양한 풀, 관목, 약초, 수목이 있으며 저마다 색깔과 모양, 이름이 다르다. 거기에 큰 구름이 솟아올라 온 세상을 뒤덮고 대지에 골고루 비가 내린다. 비는 식물들의 작은 뿌리, 줄기, 가지, 잎과 중간 정도의 뿌리, 줄기, 가지, 잎 그리고 큰 뿌리, 줄기, 가지, 잎을 가진 것들을 촉촉하게 하는데 식물들은 모두가 크기에 따라 받는 바가 다르다. 같은 구름에서 내린 동일한 비에 의해서 식물들은 각각 성장하고 꽃을 피우고 열매를 맺는데, 식물이 같은

대지에서 태어나고 같은 비에 의해서 성장을 하지만 그 성장에는 저마다의 차이나 차별이 있는 것과 같다.

여기서 구름은 붓다, 내리는 비는 붓다의 가르침이며, 종류와 크기도 다양한 초목은 사람, 하늘, 이승이나 보살 등 다양한 중생을 각각 비유한 것으로 보인다. 즉 비는 대지에 고르게 평등하게 내리지만 식물은 종류와 크고 작음에 따라 다양하게 성장하듯이 붓다의 가르침은 중생을 부처의 지혜에 다다르게 하는 것을 목적으로 하는 법미法味[35]임에도 불구하고 중생의 근기根機[36]에 따라 받아들이는 방법이나 성장의 정도는 저마다 다르다는 것을 말하고 있는 것이다.

이 비유에서는 초목의 성장에 차이가 있듯이 일정한 활동이라도 인간 각각의 기질이나 능력, 환경 등에 의해서 다양하게 수용되고 성장의 속도도 저마다 다르기 때문에, 원조자는 상대방의 일시적인 양상이나 현상에 구애받지 않고 상대의 개성을 존중하는 동시에 다양한 상대에게 차별 없이 평등하게 개입하고 관계한다는, 대상 인식에 대한 평등성을 나타내고 있다.

(4) 화성보처化城寶處의 비유(화성유품)

법화칠유 중 네 번째에 해당하는 비유로, 화성유품에 등장하고 있다.

---

35 법미法味: 불교, 불법의 묘미.
36 근기根機: 불타의 가르침을 듣고 수행할 수 있는 중생의 능력·소질.

많은 무리가 보물을 찾으러 5백 유순[37]의 멀고먼 험난한 길을 가고 있었다. 총명하고 지혜 있는 인도자가 앞장서지만 무리들은 지치고 싫증도 나고 앞길도 험난하고 멀 것 같은 생각이 들어 불안에 사로잡혀 제자리로 돌아가고 싶다고 말했다. 이에 인도자는 신통력을 발휘하여 3백 유순 거리에서 환상의 성인 화성化成을 만들어 거기까지 가면 휴식을 취할 수 있고 피로를 풀 수 있다고 말하며 되돌아가서는 안 된다고 말한다. 무리들은 그곳에서 피로를 풀고 그곳에서 안주할 생각을 하게 된다. 그러자 인도자는 무리들의 피로가 풀린 것을 보고 성을 없애버리고 '자, 갑시다. 큰 보물이 있는 장소(보처)는 가까이에 있습니다. 이 성은 제가 임시로 만든 것이니, 함께 보물이 있는 곳으로 갑시다'라고 격려하였다.

여기서 인도자는 붓다를, 무리들은 중생을, 험난한 길은 무수한 번뇌를, 임시로 만든 성은 2승의 깨달음이며, 보물이 있는 장소는 일불승의 깨달음을 비유한 것으로 생각된다. 즉 인도자가 방편으로서 환상의 성을 만듦으로써 무리들을 보물이 있는 곳으로 인도한 것처럼 붓다는 '불도는 아득하고 멀기에 쉽게 도달할 수 없다'고 중도에 단념하는 사람이 있기 때문에 2승의 가르침을 설했으며, 진실로 일불승의 깨달음에 도달할 수 있음을 설파한 것이다.

---

37 유순由旬: 인도의 거리 단위, 1유순은 6마일 22분의 3에 해당. → 5백 유순(약 3,500km): 무여열반의 대열반을 의미, 붓다의 경계를 말한다.

이 비유에서 인도자가 무리들에게 화성을 만들었다는 것은 원조자는 상대방이 본래의 목표를 달성하게끔 적절한 도달목표를 설정함으로써 상대방의 부담을 경감시켜 주거나, 또는 목표를 달성할 수 있다며 목표를 향해 함께 나아가도록 하는 격려와 지지의 원조방법을 제시한 것으로 생각된다.

(5) 의리계주依裏繫珠의 비유(오백제자수기품)

붓다가 부루나富樓那에게 수기를 주고 또 인간들 1,200명 중에서 500명의 제자들에게 수기를 준다. 이에 수기를 받은 아라한들이 기뻐하며 성찰하여 붓다에게 올린 것이 의리계주 비유이다.

한 가난한 남자가 친구의 집을 방문하였다. 친구는 남자를 진수성찬으로 융숭하게 대접하고 만족시켰지만 남자는 술에 취해 잠들어버렸다. 다음 날 아침 친구는 아직도 자고 있는 남자를 위해 저울질할 수 있을 정도의 값진 구슬을 남자의 옷 속에 꿰매주고 외출을 한다. 후에 남자는 눈을 뜨지만 값진 구슬을 알아차리지 못하고 친구 집을 나와 방랑생활을 계속하였다. 남자의 생활은 여전히 곤궁했고 약간의 식사를 얻는 것만으로 만족할 뿐 그 이상의 것과 더 나은 것을 추구하지도 않았다. 오래간만에 남자는 친구와 재회를 하게 됐는데, 아직도 고생하는 모습을 보고 친구는 남자를 불쌍히 여기며 옷 속에 꿰매놓은 값진 구슬에 대한 이야기를 한다. 남자는 그제야 그 구슬을 알게 되어 크게 기뻐하였다.

친구는 붓다를 의미하며 남자는 2승을, 값진 구슬은 1승의 지혜를 비유한 것으로 생각된다. 즉 친구가 남자에게 구슬을 주었는데도 불구하고 술에 취해 그것도 모르고 빈궁한 생활을 계속하고 있었으니 재회한 후에야 비로소 구슬을 알게 되었듯이, 붓다는 과거 세상에서 부터 『법화경』에 결연하였음에도 제자들은 그것을 망각하고 2승의 깨달음에 만족하고 있었는데 이번에 일불승의 깨달음의 지혜를 얻게 됐다는 기쁨을 펼치고 있다.

이 비유에서 친구가 비응 집 아래 남자에게 사을 깨우지 않은 것은 남자가 자신의 내면에 있는 것을 깨닫기를 기대했기 때문이다. 내면에 있는 것(값진 구슬)은 보살로서의 서원으로 인간이 본래적으로 갖추고 있는 불성으로도 이해할 수 있으며, 이를 바탕으로 원조자는 상대가 인간으로서의 향상이나 성숙의 가능성, 존엄성을 스스로 자각하도록 믿고 기다리는 원조관을 시사한 것으로 볼 수 있다.

(6) 계중명주髻中明珠의 비유(안락행품)

권지품 제13과 안락행품 제14에서 붓다는 타인과의 관계에 대해서 여러 가지로 설하고 계중명주의 비유를 설파하였다.

전륜성왕轉輪聖王[38]이 명령에 따르지 않는 나라들을 토벌하여 왕은 토벌에서 공적이 있는 병사들에게는 여러 가지 포상과 보물을 주지만 오직 자신의 상투 속에 있는 구슬만은 주지 않았다. 그 구슬은 오직 하나만 있는 비장의 보물로 함부로 주면 병사들이 크게 놀라고

의아해하며 이상한 생각에 사로잡히기 때문이다. 이처럼 붓다도 좀처럼 『법화경』의 가르침을 설파하지 않았는데, 지금 왕이 큰 공을 세운 병사에게 마음이 매우 흡족하여 오랫동안 상투 속에 감추어 두었던 구슬을 주었듯이 붓다도 중생들에게 『법화경』을 설하였다.

여기서 전륜성왕은 붓다, 병사들은 중생(2승), 여러 가지 포상이나 보물은 여러 가지 경전이나 거기서 설파되는 깨달음의 경지를, 상투 속의 구슬은 『법화경』의 가르침을 비유한 것으로 생각된다. 즉 『법화경』은 여러 부처의 비법으로서 최고의 설이다. 함부로 설파하면 오히려 원망이 많을 것 같아 설파가 없었으나 지금 여러 성문들이 자신의 본 모습을 자각하고 여러 번뇌 고통을 제거하고 강고한 홍법弘法[39]의 뜻을 일으켜 비로소 『법화경』을 설파한다는 것이다.

이 비유에서 주목할 만한 것은 우선 왕이 병사들에게 공정과 노력을 인정하고 포상을 하고 있다는 것이다. 이것은 상대방의 노력을 인정하고 격려하면서 상대방의 성장을 지켜본다는 것이며, 이는 매우 중요하다. 그러나 숨겨놓은 보물(구슬)을 주면 반대로 상대방이 놀라고 의아해하고 이상한 생각에 사로잡히게 된다는 것은 원조자의 의지를 바로 수용할 수 없는 상대방에 대해서 원조자는 자신의 진정성을 상대방이 받아들일 수 있을 때까지 인내심을 갖고 기다리는

---

38 전륜성왕轉輪聖王: 무력이 아닌 정법正法으로 전 세계를 통치하며 황제에게 요구되는 모든 조건을 갖추고 있다고 하는 이상적인 군주.

39 홍법弘法: 불도를 널리 퍼뜨림, 불법佛法을 널리 보급함.

자세가 필요하다는 점을 나타낸 것이다.

(7) 양의치자良醫治子의 비유(여래수량품)

이 비유에서 붓다는 자신이 성불한 것은 아득히 먼 과거(久遠: 구원)이며 수명은 끝이 없이 무량하다고 밝힌다. 그러나 붓다는 스스로의 열반(죽음)을 나타낸다고 한다. 붓다가 항상 존재한다고 생각함으로써 법을 찾고 실천하는 마음이 둔화되기 때문에 스스로의 열반(죽음)을 나타냄으로써 법에 대한 깨달음과 신뢰를 회복시키고 있는 것을 양의치자 비유로 설명하고 있다.

어떤 뛰어난 의사가 있었다. 그에게는 많은 아이들이 있었는데 어느 날 그가 외출한 사이에 아이들이 실수로 독약을 먹어버렸고 아이들은 정신을 잃고 몸에 퍼진 독으로 인해 괴로워했다. 그는 색, 향, 맛이 좋은 약초를 가지고 해독약을 만들어 아이들에게 주었다. 정신을 잃지 않은 아이는 그 약을 먹고 좋아졌으나 정신이 혼미한 아이는 그 약을 의심하여 먹으려 하지 않았다. 그래서 그는 하나의 계책을 생각해 내었다. 그는 약을 놔두고 타국으로 여행을 떠났다. 그리고 그는 사람을 보내 아버지가 여행지에서 죽었다고 전하게 하였다. 아버지의 사망 소식을 듣고 자식들은 놀라고 슬퍼하며 아버지가 두고 갔던 약을 먹고 회복하였다. 자식들의 회복 소식을 듣고 그는 다시 자식들 앞에 모습을 드러냈다.

여기서 아버지(의사)는 구원久遠[40] 본불本佛인 붓다, 자식들은 중생, 해독약(양약)은 『법화경』의 가르침에 비유한 것으로 보인다. 즉 독약을 먹고 해독약(양약)이 있었음에도 정신을 차리지 못했다는 것은 중생이 2승의 가르침에만 집착했음을 알 수가 있다. 아이들이 해독약을 먹고 병이 나았음을 알고 아버지가 돌아왔다는 것은 중생은 『법화경』을 믿어 번뇌를 끊고 제법실상諸法實相[41]을 여실히 살펴볼 때 구원실성의 본불인 붓다를 볼 수 있음을 시사하는 것이다.

이 비유에서는 붓다가 열반(죽음)을 나타내는 것이 현실의 고초를 겪는 사람들을 이법理法으로 깨닫게 하기 위한 방편(수단)으로 묘사되고 있다는 점이 주목된다. 아버지가 해독약을 주려고 해도 정신이 혼미한 아이들은 의심하는 마음을 가지고 받아들이려 하지 않는다, 그러나 아버지의 죽음이라는 커다란 슬픔에 의해 깨달음을 얻게 되는 것이다. 확실히 죽음은 깊은 슬픔을 동반하게 한다.

이 비유는 '죽음'은 단순한 '슬픔'이 아니라 죽음의 슬픔을 통해 본연의 삶에 대한 자세를 깨닫게 하고 죽음을 의미 있는 것으로 받아들이는 관점을 시사하고 있으며, 이러한 시사점들은 현대의 사회복지에서도 주목받을 것으로 생각된다.

이상의 법화칠유에는 인간관계의 기본방향뿐만 아니라 복지 실천의 관점에서도 원조(구제) 주체의 본연의 자세나 태도, 방법 등으로

---

40 구원久遠: 까마득하게 멀고 오래됨. 영원하고 무궁함.

41 제법실상諸法實相: 우주의 모든 사물이 그대로 진실한 모습(자태)으로 있는 일. 일체만법의 진실한 체상如是體. 모든 존재의 있는 그대로의 진실된 면모.

이해가 되며, 이는 복지 실천에 대한 중요한 시사점을 준다고 볼 수 있다. 타인(상대방)의 개성을 존중하고 본래적(태생적)으로 가지고 있는 변화와 향상의 가능성과 자율성이나 자기 신뢰를 회복시키기 위해 물질적·정신적으로 다양한 수단을 강구하여야 한다. 또 인내심을 가지고 다가서며 '기다림'이라고 하는 원조관이 제시되었다고 볼 수 있다.

4. 보살행의 복지적 이해

『법화경』에 서술된 다양한 보살행에 대해 불교사회복지 실천에 기여하는 원조자의 자질이나 태도, 원조 방법론의 관점으로 해석해 보고자 한다.

1) 원조자의 자질, 태도

(1) 법사품의 3궤三軌

법사품에 있는 의좌실衣座室 3궤三軌에는 원조자가 타인과 접촉할 때 기본적으로 갖추어야 할 태도가 나타나 있다.

여래의 옷이란 유화인욕柔和忍辱[42]함으로써 어떠한 폄훼와 치욕과 위해도 참아내고 견뎌서 인욕의 기쁨을 얻는 것으로, 연기의 이법을 실천한다는 입장에 서서 여러 가지의 어려움에 대해서도 감사함을 잊지 않으며 감사함으로 참겠다는 마음을 말하는 것이다. 또한 여래

---

42 유화인욕柔和忍辱: 마음이 온유하고, 박해 따위도 잘 견디고 참음.

의 자리에 앉는다는 것은 제법諸法[43]은 비어(空) 있으니 연기의 이법을 적극적으로 파악하여 현실의 여러 가지 차별을 넘어선 곳에서 사물의 본질과 인간의 존엄성을 인정하는 것이다. 그리고 여래의 방에 들어간다는 것은 크고 넓은 자비심을 품는 것, 즉 연민의 마음을 일으키고 편안한 낙樂을 주고 고통과 괴로움을 완화시켜 주는 것이며, 이법을 실천하면서 함께 즐기며 함께 슬퍼한다는 것이다. 의좌실 3궤[44]는 복지대상자(Client)에 대한 궁극적인 자비심, 지속적으로 문제를 해결하는 유화인욕심, 사심 없는 태도로 임하는 일체법공一切法空[45] 인식이며, 이는 복지대상자에 대한 원조자 본연의 마음가짐을 보여주고 있다.

연기의 이법을 실천하고 자비심을 일으키는 것이라는 기본적인 사항에 더하여 인욕이라고 하는 사항이 함께 설해지고 있는 점은 주목받을 만하다. 인욕은 보살행으로서 6바라밀의 하나이지만 『법화경』에서는 여러 차례 거론되는 것으로 보아 그 중요성을 알 수가 있다. 또한 3궤를 설하는 『법화경』의 비유의 하나로 고원천착高原穿鑿 비유가 설해지고 있다. 사람이 목이 말라 물을 구하고자 우물을 팔 때 마른 흙이 나올 때에는 물이 있는 곳이 아직 지하 깊이 멀리 있음을 알게 되며, 계속 흙을 파서 습한 물기를 머금은 흙에 도달하게

---

43 제법諸法: 우주에 있는 유형과 무형의 모든 사물.

44 의좌실 3궤: 법사가 실천해야 할 세 가지 바른 길(法度). → 여래의 옷: 유화인욕 하는 마음. → 여래의 자리: 일체 제법이 공空함. → 여래의 방: 중생들에게 꼭 들어맞는 대자대비한 마음.

45 일체법공一切法空: 현상이 실체가 아니라는 인식.

되면 물이 가깝게 있다는 것을 알게 된다는 내용이다. 여기서 습한 땅은 『법화경』의 보살행을 의미하며, 물은 『법화경』의 깨달음의 지혜를 비유한 것이다. 『법화경』에서 설하는 보살행은 물이 가까이 있는 습한 땅을 파는 단계, 즉 깨달음의 지혜에 가까운 단계이므로 나태함을 버리고 노력할 것을 권하고 보살행을 계속할 것을 요점으로 위의 3궤가 제시되고 있다.

(2) 권지품勸持品 - 이십행 게송

권지품의 이른바 이십행의 게송에서는 만나는 상대를 모욕하고 칼과 지팡이를 휘두르며 악의를 가지며 비뚤어진 마음과 자만심을 품고 비방하거나 또 경멸하는 말을 하는 등의 사람들이 거론되고 있으며, 또 그들에 의해 추방되는 사태도 다루고 있다. 이런 사람들에게는 그것을 감당하고 인내하는 태도가 필요하다.

앞의 법사품에서는 유화인욕의 의衣, 제법 공의 좌座, 대자비의 실室이라고 하는 옷, 자리, 방이 거론되었지만, 여기서는 끝까지 참고 견디고 어려운 일에 참으며 인내의 갑옷을 입는 것처럼 어떤 악조건에서도 참음을 실행하고 참음에 대하여 수용적 태도를 보여야 한다는 것이 강조되고 있다. 그것은 단순히 참는 것이 아니라 이법理法을 존중하고 이법을 실천하고 실현해 나간다고 하는 실천성(행동)을 중요하게 보고 있는 것이다.

(3) 안락행품安樂行品 - 4안락행

안락행품에서는 문수보살이 붓다에게 악세惡世[46]에서의 홍경弘經[47]

의 본연의 자세에 대해 묻는다. 이에 붓다는 몸, 입, 마음, 서원의 네 가지 안락행 자세에 대해 설파하고 있다.

가. 신안락행(身安樂行: 몸)

신안락행에는 행처(行處: 착한 행실)와 친근처(親近處: 대인관계 규범)가 있는데, 행처는 몸가짐을 말하는 것으로 강한 인내심과 유화선순柔和善順[48]하며 난폭하지 않으며 감정을 자제하고 침착하고 놀라지 않는다. 또 두려워하지 않고 분노를 나타내지 말고 제법실상을 통하여 사물의 본질을 통찰하고 현상에 얽매이지 않고 함부로 그릇된 결정을 하지 않는다.

친근처에는 두 가지가 있다. 첫 번째 친근처는 무엇인가를 바라는 마음을 가지고 지위나 세력이 있는 사람과 친해지지 말며, 잘못된 가르침을 설파하는 사람이나 문필을 가지고 노는 사람과 친하지 말 것, 내기나 유흥에 빠진 사람과 친하지 말 것, 살생을 생업으로 삼는 사람, 성문을 구하는 사람과 친하지 말며, 여자의 관심을 끌 만한 일을 하지 말고 혼자서 여자의 집에 가지 말며 미성년자와 친하게 지내지 말 것 등이다. 이것들은 당시 출가수행자들의 행동규범을 말한 것으로 조용한 곳에서 좌선명상을 통하여 마음을 수행해야 한다는 의미이지만, 이를 현대적 의미로 해석해 보면 반드시 위와 같은 사람들을 가까이하면 안 된다는 의미로 이해할 수 있다. 다양한

---

46 악세惡世: 나쁜 세상, 나쁜 일이 행해지는 세상.

47 홍경弘經: 불경을 세상에 널리 전파함.

48 유화선순柔和善順: 부드럽고, 온화하고, 착하고, 순수하기.

상황, 신분, 직업을 가진 사람들 가운데 그들이 가진 독특한 분위기나 유혹에 빠지거나 현혹되어 본연의 의지를 상실하지 않도록 적절한 거리감을 두면서 스스로의 행동과 마음 자세를 공고히 해야 한다는 것을 의미한다.

두 번째 친근처는 일체의 법이 공空이라는 것을 알고 유有나 무無에 얽매이지 말고 인연을 잘 통찰하는 것이라고 설하고 있으며 분별도 하지 말 것을 말하고 있다.

종합해 보면 첫째 친근처에서 언급된 다양한 상황(입장), 신분, 직업, 성별과 같은 세속적 속성이나 규정, 차별에 구애받지 말고 공空의 입장에서 인간 본질의 평등성을 인식하고 타인과의 관계를 구축해야 한다는 것이다.

나. 구안락행(口安樂行: 입)

구안락행은 말조심에 대한 것으로, 사람의 잘못을 말하거나 흠집 내지 않기, 다른 경전이나 가르침을 설하는 사람을 얕보지 않기, 타인의 좋고 나쁨과 장단점을 말하지 않기, 사람의 이름을 거명하여 비난하지 않기, 적의를 품지 않기, 불필요한 말다툼 하지 않기 등이며, 상대를 만날 때나 법을 설파할 때는 싫은 표정을 짓지 않고 온화한 표정으로 설파하며 태만한 마음 갖지 않기, 걱정이나 고민에서 벗어나 인자한 마음으로 설파하고 질문이 있으면 인연이나 비유로 설하고 상대방을 만족시키기, 대가를 요구하지 않는 것 등이다.

다. 의안락행(意安樂行: 마음)

의안락행은 어떤 마음을 가질 것인가에 대한 것으로, 질투심을 갖지 않으며 화내고 교만한 마음을 품지 않는다. 상대가 어리숙해도 얕보지 않고, 장단점을 이야기하지 않는다. 또 의심이나 실망을 주지 않고 쓸데없는 논쟁을 일으키지 않는다. 괜한 말다툼과 논쟁을 기뻐하지 않는다 등이 해당된다.

라. 서원안락행(誓願安樂行: 서원)

서원안락행은 누가 어디에 살든지 사람들 마음속에서 인자한 마음을 일으키게 하고, 아직 깨달음의 뜻을 가지지 못한 사람들에 대해서는 비록 그들이 인간으로서 성장을 지향하는 보살이라는 생각을 가지지 못하고 이를 알기 위한 방편도 알지 못하지만 자비로운 마음으로 대하고, 『법화경』의 법문으로 이들을 인도하려는 서원을 세우고 불법佛法 가운데 머물게 하겠다는 상구보리와 하화중생의 다짐을 가져야 한다는 것을 말하고 있다.

이상 4안락행은 앞에 거론된 3궤나 유화인욕柔和忍辱의 마음을 가지고 공空의 입장에서 상대방을 구별하거나 차별하지 않는 몸가짐, 말조심, 마음가짐을 통해 자비심을 품고, 상대방을 이법의 실천으로 인도하자는 서원을 세우게 하는 것이다. 신중하고 겸허한 행동과 마음의 자세는 다양한 상황에서 상대방을 대하는 원조자의 마음가짐으로 매우 중요하다고 생각한다.

(4) 법사공덕품法師功德品 - 육근청정

법사공덕품에서는 『법화경』을 수지受持[49]하는 일의 공덕, 즉 법사품에서 본 오종법사五種法師[50]의 공덕을 설하고 있으며, 구체적으로 육근청정六根淸淨, 곧 눈(眼), 귀(耳), 코(鼻), 혀(舌), 몸(身), 마음(意)이 맑아진다고 한다.

가. 안근청정眼根淸淨

안근청정을 얻음으로써 모든 세계를 볼 수 있고 또 살고 있는 사람들의 행위와 그 결과를 통찰할 수 있게 된다고 한다. 이는 편견이나 선입견을 떠나 다양한 세계와 영역의 구조를 잘 관찰할 수 있고, 사물의 관계나 연결을 잘 파악하여 문제의 소재를 밝히고 그 문제의 해결을 목표로 한다는 점에서 복지 행위의 주체에게 필요한 능력이다.

나. 이근청정耳根淸淨

이근청정을 하게 되면 다양한 생물의 소리나 자연계의 소리를 잘 듣는다. 인간뿐만 아니라 동물들을 포함한 모든 생물의 소리, 특히 고통과 슬픔을 벗어나기 위한 구원의 소리를 듣게 된다는 것으로, 한마디로 경청傾聽인 것이다. 경청의 조건은 원조자가 필수적으로 가져야 할 요소이다.

---

49 수지受持: 경전을 받아 항상 잊지 않고 머리에 새겨 실천함.

50 오종법사五種法師: 수지, 독, 송, 해설, 서사 → 경전을 간직함.(서사)

다. 비근청정鼻根淸淨

비근청정을 얻게 되면 다양한 신들과 사람들 그리고 동물들의 냄새, 혹은 식물과 과실의 향기를 분별하여 소재를 파악할 수 있다. 경문에 따르면 비근청정을 얻음으로써 능력에 따라 사람들의 소망과 마음의 모습을 알 수가 있다고 한다. 현실에서도 사람의 냄새나 살고 있는 곳의 냄새들에 의해서 그 사람의 기호나 생활습관, 의식주 등의 다양한 모습을 파악할 수 있게 되는데, 피원조자의 상황을 객관적으로 인지하는 능력도 원조자로서 갖추어야 할 조건이다.

라. 설근청정舌根淸淨

설근청정은 맛이 있고 없고를 불문하고 모두 좋은 맛으로 느낄 수 있고, 또 사람이 말할 때에 마음에 닿는 말을 하여 상대방을 만족시키고 기쁘게 할 수 있는 것이다.

마. 신근청정身根淸淨

신근청정을 하게 되면 몸이 맑아지고 상대방에게 그 모습을 보고 싶게 만든다. 또 자신의 신체를 통해 모든 세계가 비춰지고 있다고 하여, 자신의 몸에 어떤 변화가 나타나 상대방이나 다른 사람의 감각이나 의식을 공유하여 일체화하는 것을 시사하고 있다.

바. 의근청정意根淸淨

의근청정을 얻으면 비록 일게일구一偈一句[51]를 들었다고 해도 거기에

---

51 일게일구一偈一句: 경전의 한 게송 한 구절.

88

는 많은 의미가 복합적으로 있음을 알 수 있으며, 또한 일상적인 것이나 세속적인 언설, 주문呪文 등의 모든 것도 올바른 이법理法의 가르침 체계와 조화시켜 이해해야 한다는 것이다.

　이러한 육근청정은 편견을 버리고 삶의 관계나 연결고리를 파악하는 것이며, 다양한 목소리를 경청하고, 상대방이 원하는 마음을 알고, 상대방을 마음에 닿는 말로 기쁘게 하고 좋은 모습으로 자신을 가다듬는 등 자신의 모든 감각기관을 통해 타인의 아픔이나 슬픔을 같이 공유하며 느끼는 것이다. 원조자의 전인적인 능력과 감성의 유지가 필요하다는 것을 시사하고 있는 것이다.

(5) 보현보살권발품普賢菩薩勸發品 - 지경자

현명한 마음을 가지며 복덕福德의 힘이 있고 삼독(탐·진·치)과 질투, 아집, 자만의 번뇌를 없애고 소욕지족少欲知足[52]의 정신을 갖는 것이 원조자의 태도이다. 중생들은 탐진치 삼독을 가까이하고 의지하고 있으니 원조자가 이법적으로 대처해 나아가야 함을 시사하고 있다.

(6) 오백제자수기품五百弟子授記品 - 내비內秘보살행

오백제자수기품에는 법사품 이후에 설파되는 적극적 이타행利他行으로서의 보살행에 대해 나온다. 그러나 법사품 이전에 행해진 보살품도 주목받고 있는데, 오백제자수기품에는 부루나富樓那에 대한

---

52 소욕지족少欲知足: 욕심을 줄이고 만족할 줄 알다. 부족함을 알고 만족하다.

수기授記를 할 때의 과거 보살행의 모습이 설해지고 있다.

부루나는 과거 세상부터 수행을 쌓아 보살과 같은 교화의 힘을 가지고 있었지만 자신을 성문이라고 하여 주위에서도 그렇게 믿고 있었다. 하지만 그는 붓다의 깨달음의 지혜를 설파하고 보살행을 실천하면서 사람들을 구제해 왔다.

부루나 본연의 모습인 보살행을 안으로 숨기고 밖으로는 성문이라고 하였다. 이는 보살로서의 본질을 중요하게 여긴 것이며, 그 모습이나 형태, 직함 등에 구애받지 않고 자신을 상대(타인)와 같은 입장이나 사고방식을 가지며, 대등한 시선으로 상대방을 마주하며, 상대의 기회나 이해가 조성되기를 기다리며 인내심 있게 대응하는 자세를 시사하는 것이다.

(7) 수학무학인기품 授學無學人記品 - 정진[53]

수학무학인기품에서는 붓다와 아난의 보살행도 주목할 만하다. 여기서 아난 및 다른 2,000명의 성문들에게 수기授記가 이루어지는데, 아난에 대한 수기를 말하는 단계에서 붓다는 아난과의 과거세 수행에 대해서 설하고 있다. 이 설을 들은 아난은 자신의 과거세 서원을 떠올렸으며, 그 시절 붓다와 아난은 동시에 보리심菩提心[54]을 발하였다. 아난은 가르침을 많이 듣기(多聞: 다문)에 힘썼으며 붓다는 정진에 힘을 쏟았다고 한다.

---

53 정진精進: 육바라밀의 네 번째 수행덕목으로 순일하고 물들지 않은 마음으로 항상 부지런히 도를 닦는 수행법.

54 보리심菩提心: 깨달음을 얻겠다는 마음. 깨달음을 향한 마음. 깨달음의 마음.

정진에 힘쓴 붓다가 다문多聞[55]에 노력한 아난보다 깨달음을 빨리 얻었는데, 아난 또한 다문에 힘쓴다는 서원으로 다른 보살들을 교화하게 되었다. 정진에 힘쓴 붓다가 빨리 깨달음을 얻었다는 것은 법(다르마)의 지속적인 실천을 강조하는 것으로 이해할 수 있지만 다문이라는 행行도 보살행으로써 충분히 의의가 있다고 생각된다.

복지 실천에 필요한 사상이나 이론, 원조기술 등은 지식이나 이론으로만 알고 있는 것이 아니라 실제로 이를 응용하여 실천하는 것에 의의가 있다고 할 수 있다. 하지만 많은 것을 듣고 아는 것을 다른 사람에게 제공하고 성숙하게 이끌기 위한 필요 요건이기도 하다. 따라서 수학무학인기품은 사상이나 이론의 학습과 실천의 계속적인 실행에 의한 상승효과와 그 의미성을 시사하고 있다고 생각된다.

2) 원조 방법론

(1) 분별공덕품分別功德品 - 4신5품

분별공덕품에서는 4신四信을 일념신해一念信解, 약해언취略解言趣, 광위타설廣爲他設, 심신관성深信觀成으로 제시하고 있으며, 붓다 재세在世 시의 네 가지 믿음을 말한다. 일념신해는 사상의 방향성과 지향점을 아는 것이며, 약해언취는 가르침의 도리와 취지를 이해하는 것이다. 광위타설은 가르침을 다른 사람에게 전파하고 싶은 마음이며, 심신관성은 사물을 인식하는 관점이 더욱 깊이 심화되는 것을

---

55 다문多聞: 불경을 외워 지닌 것이 많음. 보고 들은 것이 많음.

의미한다.

5품이란 붓다 멸도 후 경전에 의한 단계별 수행을 의미하며 말후의 5품이라고 한다. 5품은 수희隨喜, 독송讀誦, 설법說法, 겸행육도兼行六度, 정행육도正行六度를 말한다. 수희는 경전과 불문佛文 등을 읽고 느끼는 감동이나 기쁨이며, 독송은 경전을 읽고 외움에 따른 자기 학습이며, 설법은 내가 읽고 아는 것을 타인에게 전달하고 설명하는 것이며, 겸행육도는 육바라밀 수행에 힘써 노력하는 것이며, 정행육 도는 육바라밀 수행을 완전하고 올바르게 수행함을 말한다.

의미적으로 보면 위의 단계들은 원조자 자신의 질적 성장과 발전 단계로 보는 것이 타당하다. 즉 일념신해 및 수희를 초문初門으로 하여 약해언취 및 독송은 자기 학습의 단계, 광위타설 및 설법, 겸행육도, 정행육도는 이타행利他行의 단계이다. 여기서 일념신해 및 수희를 첫 번째로 한 것이 주목받을 만하다. 보편적 이법이나 일승사상, 생명의 영원성과 같은 주제를 접할 때 신해(방향성, 지향성) 의 자세를 가지고 감동과 기쁨을 향유해야 한다. 복지 실천자(원조자) 는 이러한 감동과 기쁨을 전달할 수 있는 다양한 수단이나 방법을 체득해야 할 것이다. 일념신해의 공덕은 반야바라밀을 제외한 5바라 밀을 능가한다고도 말할 수 있다.(분별공덕품 제17, pp.513~524)

(2) 수희공덕품隨喜功德品 - 50전전수희공덕

수희공덕품에서는 50전전수희공덕五十展轉隨喜功德이 설해져 있다.

어떤 사람이 『법화경』을 듣고서 그 기쁨과 오묘함을 다른 사람에게 전하고, 전해 받은 사람 역시 다른 사람에게 전하고 또 전하여 50명째 되는 사람이 듣고 크게 기뻐하였을 때 그 기쁨을 비교해 보면, 어떤 사람이 광대한 세계의 중생들에게 80년 동안 금은보화를 비롯하여 온갖 물건을 보시했다 하더라도 『법화경』의 단 한 줄의 깨달음을 얻고 수희하는 공덕에는 크게 미치지 못한다는 것이 50전전수희공덕이다. 수희는 좋은 것을 보고 함께 기뻐하다는 뜻으로 『법화경』의 여러 곳에 나오는 말이다. 법사품에서는 약왕보살에게 『법화경』을 조금이라도 듣고 일념수희하는 자에게 수기授記를 준다고 한다.

단 한마디의 말이라도 감동하고 기쁨을 느낄 수 있는 말을 한다는 것은 말의 중요성과 감수성의 풍부함을 상징적으로 보여주는 것이다. 원조자는 자기 학습을 하면서 감동하고 기쁨을 주는 말을 소중하게 여길 뿐만 아니라 타인과의 관계 속에서도 자신의 말 하나하나에도 유의해야 하는데, 이것은 불교사회복지에서 주목받고 있는 사섭법의 하나인 애어愛語와도 일맥상통한다. 또 일념신해나 수희(함께 기뻐하는 것)는 이법이나 자기 삶의 본연의 자세를 깨닫고 느끼는 기쁨이나 그 기쁨을 다른 사람과 나누는 타인과의 관계의 중요성을 나타내는 것이며, 사무량심四無量心의 하나인 희(喜: 기쁨)와도 의미가 통한다.(수희공덕품 제18, pp.537~538, 541~543; 법사품 제10, p.340)

(3) 시교리희示教利喜

화성유품, 오백제자수기품, 수희공덕품, 촉루품, 묘장엄왕본사품, 보현보살권발품 등에 나오는 표현으로 설법의 네 가지이다. 시示는 법을 보여주는 것, 교教는 법을 가르쳐서 깨우쳐주는 것, 리利는 교도하여 이롭게 하는 것, 희喜는 행함을 보고 칭찬하여 기쁘게 하는 것을 의미한다. 이법을 실천함으로써 나타내고 가르치고 이롭게 하여 함께 기쁨을 공유하는 자질을 원조자는 갖추어야 한다.(오백제자수기품 제8, pp.302~303; 화성유품 제7, p.277; 수희공덕품 제18, p.536; 묘장엄왕본사품 제27, p.713; 보현보살권발품 제28, pp.727~728; 촉루품 제22, pp.612~613)

(4) 12종 이익十二種利益, 7난七難

약왕보살본사품에는『법화경』수지受持의 공덕에 대해 열두 가지가 설해져 있다.

①목마른 사람들을 위한 시원한 연못처럼, ②추위에 떠는 사람들을 위한 불처럼, ③벌거벗은 사람들을 위한 옷처럼, ④상인들을 위한 무리의 대장처럼, ⑤자식들의 어머니처럼, ⑥해안을 건너가려는 사람들의 배처럼, ⑦병든 사람들의 의사처럼, ⑧어둠 속에 있는 사람들의 등불처럼, ⑨재산을 얻고자 하는 사람들에게는 보석처럼, ⑩백성들에게는 왕처럼, ⑪무역상이 바닷길을 얻는 것같이, ⑫모든 암흑을 없애는 횃불처럼 등이다.

12종 이익은 많은 사람들을 고통으로부터 해방시키고 병을 낫게 하고 위험한 상황을 타개해 나간다는 것을 설하고 있다. 또 관세음보살보문품에는 7난七難의 상황에서 관세음보살의 이름을 부르면 구제되는 모습이 설명되어 있다.

7난은 불의 난, 물의 난, 나찰의 난, 칼의 난, 악귀의 난, 가쇄의 난, 원적의 난을 의미한다. 경문에서는 여러 가지 난을 제시하고 있으나 불이나 물로 인한 화재, 수재 등과 같은 천재天災뿐만 아니라 현대적 의미로도 해석되는 인재人災 또는 사건, 사고, 폭행, 폭력적 행위, 누명 등으로 고통받는 사람 등 다양한 상황을 상정할 수 있다. 나아가 탐, 진, 치 같은 욕망에 휩쓸리는 것도 상정해볼 수 있다. 현실적으로 신체적, 정신적, 사회적 원조를 통해 많은 어려움을 해결하기 어렵더라도 어려움에 처한 사람들의 목소리를 경청하고 수용적 태도를 견지하여 우선적으로 사람들의 두려움을 제거시켜 주거나 완화시키는 방법을 도모해야 된다는 것을 시사한다고 볼 수 있다.(약왕보살본사품 제23, pp.636~637: 관세음보살품 제25, pp.670 ~674, 682~686)

(5) 다라니陀羅尼

다라니는 선善을 유지하고 악을 막는 신비한 힘을 가진 주문으로 진언眞言[56]을 뜻한다. 산스크리트어를 번역 없이 외우는 소리에는 신비로운 힘이 있다고 여겨져 왔다. 대체로 악을 없애고 복을 빌 때, 죽은 자의 명복을 빌 때, 불보살을 공양하거나 참회를 하는 법요나 기도 때 독송하는 것이다. 다라니의 목적은 사람들에 대한 자비를 통해 행복과 안녕의 증진을 하는 것에 있다. 따라서 다라니를 소리 내어 외우는 주술적 기도로 이법을 실현하는 것이 아니라 다라니가 기도하는 사람들의 행복을 진심으로 바라는 것이며, 다라

---

56 진언眞言: 진실하여 거짓이 없는 말이라는 뜻으로 붓다가 보살이었을 때 세운 서원을 심오하고 깊이 있게 나타낸 말. 어리석음의 어둠을 깨고 진리를 깨닫는 성스러운 지혜.

니에 의해 불안감을 해소하고 안정된 마음을 갖게 하고 이법을
실천하는 용기를 생기게 한다는 관점에서 생각한다면, 다라니를
외우는 것도 불교사회복지의 원조 방법론으로서의 의미가 있다고
할 것이다.(다라니품 제26, pp.694, 696; 보현보살품 제28, pp.728~729)

5. 『법화경』의 불국정토와 공생

1) 사회복지와 공생

오늘날의 사회복지 이론이나 체계는 서구의 이론이나 원리가 적용된
체계로 이를 불교의 교의와 교리를 근거로 하여 사회복지의 가능성을
모색해야 한다.

불교에서의 공생은 같은 시대와 시간대를 함께 산다는 것을 넘어
일체중생, 즉 모든 생명체와 함께 살아가는 것이 기본 정신이며,
과거에서 미래로 이어지는 생명의 공생이 포함된 것도 큰 특징이다.

(1) 사회복지의 정의

사회복지란 사람들이 안고 있는 다양한 생활 과제 중에서 사회적
지원이 필요한 문제를 대상으로 그 문제 해결을 위한 사회적 자원(물
질이나 서비스)의 확보 및 구체적인 개선 계획이나 운영조직 등의
방책과 그 의미를 부여한 '사회복지 정책'과, 문제를 갖고 있는 개인이
나 가족에 대한 개별적이고 구체적인 활동과 지역이나 사회에 대한
개발적인 활동을 하는 '사회복지 실천'에 의해 구성되는 총체이다.

후루가와(古川)는 사회복지란 현대사회에서 사람들의 자립생활

을 지원하고 자기실현과 사회참가를 촉진함과 동시에 사회통합력을 높이고 그 유지 발전에 이바지하는 것을 목적으로 전개되는 일정한 역사적, 사회적인 시책의 체계라고 하였다. 내용적으로는 사람들의 생활상의 일정한 어려움이나 장애, 즉 개별적인 욕구를 충족시키거나 경감·완화하며 최저생활의 보장, 자립생활 유지, 자립생활력 육성, 나아가 자립생활의 원호를 도모하고 이를 위해 필요한 사회자원을 확보·개발하는 것을 과제로 삼아 국가, 지자체 및 각종 민간조직에 의해 책정, 운영되고 있는 제반의 정책 및 제도가 전개되고 있는 것을 의미한다.

사회복지는 개인이나 가족생활, 개인이나 가족을 둘러싼 환경과의 이질적 현상에 대한 과제에 개입한다는 전제가 되므로 개입(지원)의 대상은 전 분야에서 이루어지고 있으며 장애인복지, 노인복지, 아동복지, 가정복지, 여성복지, 공적부조, 지역복지, 보육·돌봄서비스, 요양보호 등이 해당된다고 볼 수 있다.

(2) 사회복지의 의의와 불교

다양하고 복잡해진 현대사회는 개인이나 가족에게 많은 과제를 안겨주고 있다. 그 과제에 맞춰 개인이나 가족과 환경에 개입하여 다양한 원조 방법을 구사하는 것이 사회복지의 실천이다. 개인이나 가족을 위해서만 일하는 것이 아니라 개인이나 가족이 속해 있는 지역사회에 대해서도 활동을 하게 되는데 이것은 건강한 사회 만들기의 관점이다. 사회복지에 있어서는 인간에 대한 이해가 지원 외에 복지국가로서의 본연의 자세나 지역 포괄지원 등 지역복지의 근본방향 검토도 필수적이다. 건강한 사회 만들기를 목표로 하는 이념의 도출이 가장 중요한 주제가 되는데, 이때 '공생共生'이 이념으로서 많이 제시되고 있다.

종교로서의 불교도 개인의 내면이나 생활상의 과제에 맞춰 사람이 사람답게 사는 방법을 제시할 수 있는 사상과 실천의 체계를 갖고 있으며, 그것은 불교가 지향하는 삶의 방식이 바로 공생이라는 점에 주목할 필요가 있다.

결국 사회복지라는 사상과 실천체계는 불교의 그것과 유사한 구조를 가지고 있다고 할 수 있다. 불교가 현대사회가 당면하고 있는 복지 과제에 대해서 대처방안이나 실천론적 방법을 제시하기 위한 이념적 토대는 불교적 사고방식의 '공생'이 될 것이다. 서구의 이론과 원리로 체계화된 사회복지에 불교의 이념을 기반으로 한 공생은 현대사회복지의 또 하나의 충분한 대안이 될 것이다.

(3) 현대사회복지의 과제

현대사회의 복지적 과제는 대부분 지원체계의 미흡으로 인해 나타나는 사회적 고립과 관계가 있으며, 이는 연결고리의 실질적 부재에 기인한 것으로 보여 금전적(재정적) 양극화가 아닌 의식(인식)의 양극화가 점점 팽창하고 있다. 이러한 경향의 요인을 보면 먼저 사회적 요인을 들 수 있는데, 편리함과 풍요로움을 추구하는 사회에 의해 수고와 시간이 걸리는 것을 싫어하는 사회현상이 생겨나 정착하게 되었다. 두 번째는 인적人的 요인으로 수고와 시간이 걸리는 것을 꺼리는 사회는 사람과 사람이 연결되는 것을 귀찮아하는 사람들

을 만들어낸다. 주변의 사람들끼리 한걸음 다가서고 손을 내미는
노력이 필요한 상황이다. 한걸음 다가서고 손을 내미는 것을 꺼릴
때 익명성을 얻을 수 있을지는 몰라도 서로 간의 연결고리를 조성하
는 데에는 실패하게 된다. 세 번째는 시스템 요인이 있겠는데, 예를
들자면 개인정보 보호법이 사람과 사람 간의 접촉을 제한하는 시스템
으로 작동할 수 있는 것이다. 공적公的인 것에 충실하다 보면 공적共的
인 것을 상실할 수도 있는 것이다. 개인의 존재와 자립이 우선시되는
가치관이 확산되는 경향으로 인해 내용적으로 사람들의 고립화가
점차 확산되고 있으며 이는 지역사회 공동체 인식을 약화시키기에
충분하다.

　　현대의 사회복지는 사람과 사람 사이, 사람과 서비스, 제도와의
간격을 채울 수 있는 사회적 포용과 책임의 관점에서 '고립과 단절'을
지양하고 '연대와 공생'의 가치를 추구해야 한다.

(4) 공생에 대해서

공생을 형성할 수 있는 사회의 구조나 토양을 구축하는 것이 필요하
다. 데라다(寺田, 2003: 60)는 공생에 대하여 다음과 같이 정의하였다.
사람들이 문화적으로 대등한 입장에서 상호이해와 존중에 기초하여
자타自他의 상호관계를 재구축하는 과정이며 동시에 쌍방의 아이덴
티티를 재편하는 과정이다. 소수와 다수를 연결하는 유대감을 '연대'
라고 부른다. 소수와 다수는 불가분의 관계로 소수의 행복이 다수
전체의 행복을 높인다는 인식을 바탕으로 하는데, 이는 소수의 문제
가 전체의 문제이기도 하기 때문이다.

연대란 다수 전체를 구성하는 한 사람 한 사람이 협동하는 정신(인식)을 말한다. 공생사상은 사회연대의 이념과도 깊이 결부되어 있다고 봐야 할 것이다.

(5) 사회적 포용(Social inclusion)과 공생

사회적 포용은 빈곤, 장애 등의 여러 문제를 갖고 사회적으로 배제되는 사람에 대해 그들을 사회적 구성원으로 인정하여 감싸고 지지하는 사회를 목표로 하는 것이며, 90년대부터 확산되기 시작하였다. 사회적 포용을 이루기 위해서는 사회복지 이념의 새로운 모색이 필요한 것으로 보인다.

현대사회는 스트레스 등을 포함한 심신장애, 불안, 복지사각, 독거, 중독, 성차별, 고령 등으로 인한 사회적 배제, 마찰(갈등), 학대 등의 사회적 고립이나 고독 문제가 중복적이고 복합화하고 있는데, 이러한 문제는 사회적 고립이나 배제 속에서 표면화되지 않기 때문에 중층적인 대처의 필요성이 대두되고 있는 것이다. 사회적 포용은 '공생'의 개념을 바탕으로 한 방향성을 지니고 있기 때문에 향후 공생사회 구축에 사회적 포용이 강조되어야 할 것이다.

(6) 불교사회복지의 공생 개념

사회적 포용사상은 불교에서도 볼 수가 있는데 '일체중생 실유불성' (모든 존재는 불성을 지니고 있다)이 그것이다. 불교는 사회적 포용, 공생사상을 교의적 기반으로 하여 오늘날까지 전승되어 왔다고 해도 지나친 말이 아니다.

(가) 실천체계로서의 불교와 사회복지

불교에서는 업業,[57] 숙업宿業[58]사상, 연기설緣起說[59] 그리고 기타의 세계관과 인간관을 중심으로 한 육바라밀이나 팔정도 등의 실천방법을 체계화했는데, 이는 불교가 종교인 동시에 방대한 사상과 실천의 체계라고 할 수 있다. 이러한 체계를 통해서 사회복지 원조자가 배워야 할 것은 사상, 즉 이념과 실천에 대한 관점과 방법이다. 불교는 원래 인간구제, 원조체계이며, 근대문명의 성립과정에서 만들어진 사회복지학의 실천성의 체계와 비교 검토하고 실천하는 것이 불교사회복지라고 할 수 있다.

(나) 불교와 공생

불교에서의 공생은 연기사상에 근거한 자타自他 관계를 나타내는 개념으로, 사람들로 구성된 사회의 본연의 모습과 삶의 방식을 나타내는 개념이라고 할 수 있다. 연기란 사물은 그 자체로 존재하는 것이 아니라 여러 요인(緣: 연)이 서로 관련되어 있음으로 해서 존재한다는 것이다.

불교의 공생은 사람들과 함께 산다는 가로축의 공생뿐만 아니라 과거에서부터 미래로 이어지는 지속적 생명의 공생, 즉 세로축의 함께 사는 의미도 있다고 생각한다. 이는 우리의 삶은 아주 오래전부

---

57 업業: 전생에 지은 소행 때문에 현세에서 받는 응보. 몸과 입과 마음으로 짓는 선악의 소행.

58 숙업宿業: 숙세, 즉 전생前生에 지은 선악의 행업行業.

59 연기설緣起說: 모든 존재를 인연에서 비롯한 것으로 보는 개념.

터 면면히 전해지고 있는 것과 동시에 자식이나 손자 같은 미래로 이어져 가는 생명이라는 뜻이며, 과거에서 미래로 연결되어 가는 많은 생명과 함께 살아간다는 것이다. 공생은 연기사상에 근거해 현실사회의 모든 존재가 성별, 직업, 귀천, 빈부 등에 관계없이 같이 협력하고 상호 보완하면서 같이 사는 것이다. 따라서 공생은 자타불이自他不二[60]의 연기적 상황 관계를 기반으로 하는 불교사회복지 이념으로 현대사회의 제문제에 대응하는 불교의 사회적 역할을 의미하며, 이는 모두를 위한 모두의 복지를 구현하는 중요한 가치개념인 것이다.

자타自他는 본질적으로 구분할 수 없는 것으로 자신과 타인이 일체一體라는 것이 교의적 가르침이다. 자타일체의 의식은 자신의 능력과 생명을 타인을 위해 사용한다는 이타공생利他共生으로까지 발전하게 된다. 이타공생은 연기관에 기반한 원리로 이 세상의 존재가 전부 다른 사람과의 인연으로 인해 생기고 존재한다는 관점이며, '나'는 '다른 사람'과의 관계 속에서 존재한다는 것으로 관계가 먼저 있고 그 관계가 있기 때문에 내가 존재한다는 것이다.

또 불교에 복전福田[61]사상이 있는데, 어떤 대상을 공경하거나 봉사하면 그것을 행한 사람에게 행복이 생긴다는 것이다. 가난한 자나 병든 자를 보고 마음 아파하고 관계를 가지고 살 때 행위자는 행복하다는 것이다.

---

60 자타불이自他不二: 나와 남이 둘이 아닌 것. 나와 남이 일체一體.
61 복전福田: 공양을 받을 만한 법력이 있는 사람에게 공양하고 선행을 쌓아서 내생의 복을 구하는 일.

가난한 자나 병든 자가 행복의 열매를 맺게 해주는 밭(田)이 된다는 것으로, 원조자와 대상자가 같이 함께 산다는 복전사상은 공생을 구현하고 있는 것이다. 자타불이에 기반한 공생은 불교사회복지의 핵심 개념이라 할 만하다.

2) 허공虛空의 상징성

『법화경』에 기반한 불교사회복지의 실천은, 원조자는 자타自他와 함께 부처가 되는 것으로 보편적이고 이상적인 불국토의 모습을 목표로 삼아야 한다고 생각한다.

(1) 허공에서의 이불병좌二佛幷坐의 상징성

견보탑품에서는 붓다 설법의 장소(영취산 및 주변)로 대지로부터 높이 오백 유순의 칠보탑이 출현하여 허공(공중)에 머무른다. 그 탑 안에 있는 다보여래는 붓다의 설법을 '바로 그렇다'라고 찬탄하며 진실성을 선언한다. 대요설大樂說보살을 비롯한 청중은 다보여래를 꼭 만나고 싶다고 간청하였다.

간청을 받아 보탑을 여는 조건인 시방의 분신 여래들을 소집하는데, 그 과정에서 세계는 질서정연한 모습으로 다양하게 장엄해진다. (통일불토通一佛土[62])

붓다는 허공으로 올라가고 다보여래는 붓다와 반좌를 하게 되며 (이불병좌二佛幷坐[63]), 청중은 붓다의 신통력에 의해 모두 허공으로

---

62 통일불토通一佛土: 시방세계가 하나의 불토가 됨.

63 이불병좌二佛並坐: 2명의 부처님이 나란히 앉아 있는 그림이나 불상을 가리킨

올라간다. 허공에서 붓다는 사바세계에서 『법화경』을 설파하려는 사람이 누구인가 하고 호소하는 장면이 묘사된다.

다보여래탑이 허공에 머물러 여래분신들을 불러모으고 붓다가 그 반좌에 앉은 일련의 장면 전개의 상징적 의미에 대해 불교사회복지의 이법理法의 실천이라고 하는 관점에서 다음과 같은 점이 시사되고 있다.

즉 허공이라고 하는 것은 현실세계의 여러 구별이 없어지고 시간과 공간을 초월한 경지를 상징하는 장場이다. 바꾸어 말하면 어떠한 시간이나 공간에서도 공통적으로 통하는 이법의 보편성을 상징한 것이다. 또 특정한 시간이나 공간에 제약을 받지 않는다는 것은 현실세계가 이법 실천의 장이 될 수 있다는 보편성을 상징한다고도 말할 수 있다. 모든 불법의 실천은 보편적인 이법을 실천하고 있다는 뜻을 부여하는 것이며, 이는 사물에 대한 차별의식이 없는 평등성의 입장에 선다는 것을 의미하기도 한다.(견보탑품 제11, p.363)

(2) 지하(과거) 허공에서 나타난 지용地涌보살의 상징성

종지용출품에서는 다른 나라에서 온 보살들이 붓다의 멸후에 사바세계에서 『법화경』을 수지하여 전파할 것을 서원하지만 붓다는 이것을 거절하며, 이것에 걸맞은 『법화경』을 전파할 수 있는 많은 보살들이 땅속에서 상행보살을 리더로 하여 출현하는데, 대지에서 나왔기에 지용보살이라고 한다.

다. 두 부처는 석가여래와 다보여래.

이에 청중을 대표하는 미륵보살은 지용보살들이 어떤 사정으로 어디에서 왔는지를 붓다에게 질문한다. 그러자 붓다는 그 보살들은 성불하고 오랫동안 교화해 온 보살들이라고 말한다. 지용보살의 출현은 현실사회에서 이법을 실천(보살행)하는 사람들의 출현인 것이다. 즉 사바세계 아래의 허공세계에 있던 지용보살들은 붓다 멸후에 세상에 태어나는 사람들이며, 법사품에서 본 바와 같이 원생 顧生[64]사상, 즉 보살로서의 서원을 가지고 태어나는 사람들을 말한다.

지용보살은 후대의 현실세계에 계속적으로 보살로 태어나 이법의 계승자로서 실천해 가는 사람들이며, 또 자신과 타자(타인), 자신과 세계(현실)와의 연기적 관계 속에서 생명관을 정립하는 사람들을 의미한다고 생각할 수 있다. 또 대지로부터 출현한 보살들의 리더들 이름은 상행(上行: 탁월한 선행을 하는 자), 무변행(無邊行: 끊임없이 선행을 하는 자), 정행(淨行: 깨끗한 선행을 하는 자), 안립행(安立行: 잘 안정된 선행을 하는 자)이라고 불리며, 지용보살들의 상징은 행동과 실천으로 이법을 실천하고 실현을 이루어 가는 것이 본연의 모습이다. 보살의 이법 실현은 어떠한 환경에서라도 이루어져야 하며, 세상을 피하지 않고 중생과 함께 고통을 나누고 고민하면서 이법의 뜻을 바로 세우고 실현하는 것을 목표로 삼아야 한다. 보살들은 현실세계 속에서 고통받는 사람들을 대상으로 이법을 행하되 그들을 자의적이고 선택적으로 대상화하는 것이 아니라 어려움을 겪는 모든 사람을 대상으로 삼아야 하며, 이것이 불교사회복지 실천의

---

64 원생顧生: 윤회를 벗어난 해탈 성자가 특별한 원願에 의해 사람의 몸을 받아 오게 되는 것.

기본적인 자세라고 생각한다.(종지용출품 제15, pp.456~457)

(3) 이법理法의 실천과 이상국가

허공에 관한 설법에서 제시되는 교설敎說은 모두 이법을 실천하고자 하는 불교사회복지의 이념이며 그것이 전파되는 국토(세상)의 보편성을 상징하고 있다.

지용보살은 현실세계에서 계속적으로 보살로 태어나 이법을 계승하고 실천하는 사람들을 상징한다. 이법의 계승과 실천은 현실세계에서 장소와 대상을 불문하고 이루어져야 하며, 이법의 실천과 실현은 현실세계에 사는 인간 개개인이 가지고 있는 자각이나 사명감을 강하게 인식시키는 계기가 된다.

지용보살들의 이법 활동을 통해 인간들이 가지고 있는 번뇌, 고통, 생, 노, 병, 사, 애, 빈곤 등의 무지와 삼독[65] 등의 제거를 통해 인간들의 욕구충족과 정신적, 물질적, 사회적, 문화적 갈등을 해소한다면 현실세계가 불국토의 이상 국가로 바뀌게 될 것이다.

욕망에 사로잡혀 큰불에 타는 듯한, 여러 가지 괴로움으로 가득한 현실세계를 떠난 다른 곳에 이상적인 세계가 있는 것은 아니다. 괴로움이 가득한 현실세계를 이상적인 세계라고 생각하기는 쉽지 않다. 그러나 이러한 현실세계야말로 기쁨과 풍요로운 삶이 있는 이상세계로 인식할 수 있는 관점을 제공하는 것이 『법화경』이며, 이러한 『법화경』의 관점으로 현실세계를 재구축하는 것이 불교사회

---

65 삼독三毒: 열반에 장애가 되는 근본적인 세 가지 번뇌. 탐貪, 진瞋, 치癡를 가리킨다. 탐은 탐욕, 진은 분노, 치는 어리석음.

복지 실천의 궁극적 목표가 될 것이다.(여래신력품 제21, pp.602~603;
촉루품 제22, pp.612~613; 비유품 제3, pp.133~135)

3) 공생 실현과 『법화경』
(1) 현대사회에서의 공생
복지 실천의 여러 개념 중 공생共生 개념은 주목받아 온 지 오래되었
다. 종교적인 교의敎義에 따른 것을 보더라도, 불교에서도 연기사상
을 기반으로 하여 공생의 정신이 유구하게 흘러왔다. 연기사상은
인간과 모든 것은 상호의존 또는 상의상관相依相關 관계에 있다는
것을 전제로 하고 있으며, 이 점이 불교의 가장 큰 특징이라 할
것이다. 공생은 생물세계와의 공생, 인간과 생태계의 공생, 인간세
계의 공생 등 다양한 영역에서 다루어질 수 있지만, 복지의 관점에서
도 설명이 되어야 할 것이다. 인간세계의 공생(conviviality)이라는
것은 서로 다른 사람끼리 자유롭고 대등한 상호활성화적 관계를
조성하여 일상생활을 영위하는 것을 의미한다. 공생을 주장하는
사람들은 거의 고통받는 자, 사회적 약자, 소수자, 피차별자 등으로
인식된다. 단적으로 기울어진 관계를 다시 구축하고 인간적으로
대등한 관계 정립이 필요한 사람들이다. 공생이란 말에는 '공생으로
향하는' 움직임이 포함되어 있다. 공생은 차별 극복이라는 과제를
안고 있다. 공생은 격리나 배제 등의 차별이나 정치·경제의 차별적
처우를 거부할 수 있으며, 더욱이 공생은 다수자(majority)가 소수자
(minority)에게 강요하는 가치의식, 생활양식, 문화 차원에서의 동화
형同化型 차별[66]로 극복하려는 것도 내재되어 있다.

따라서 공생의 과제는 고통받는 자나 소수자의 자율성에 대한 물음을 동반하고 현대사회의 권력 배치와 지배 구도의 변화를 배경으로 부상해 왔다.

글로벌 자본주의 경제, 다국적 기업, 기업주의(corporatism)[67]의 전개, 정보의 자원화와 사회화에 따른 공생의 영역확장과 질에 대한 논의도 한층 심화하고 있다. 교육과 문화의 상징적 권력화, 유전자공학, 생식기술, 장기이식 등에서 볼 수 있는 생명에 대한 지배권력 등도 공생의 필요성을 제기하는 영역으로 부각되는 실정이다. '누가 무엇을 소유하는가'에서 '누가 누구를 소유하는가'로 소유의 개념이 변용되는 것과 시스템이 익명화된 힘(권력)으로 시민사회에 확신되는 현상에 따라 비대칭적 관계선상에 있는 고통받는 자, 소수자에 대한 인권의 회복과 공생이라는 과제를 둘러싼 관계망(Net-Working) 운동이 일어나고 있다.

공생은 가치의식 및 사회구성 원리로서, 또한 과제 달성의 해결 방법론으로서도 요구받고 있다. 지배방식의 변화에 따라 정치·경제적 자유와 평등과 권리를 추구하는 것과 함께 생존할 권리, 존재할 권리, 차이의 권리를 추구하는 것으로 공생의 의미가 변했다고 말할 수 있다. 공생의 탐구는 다문화주의와 함께 다문화 공존을 넘어서는 상호 변용과 자기 카테고리화, 탈 자기 카테고리화, 정체성에 대한 자유와 함께 정체성으로부터의 자유라는 새로운 과제를 제기하고

66 동화형同化型 차별: 소수자들의 언어·문화·사회적 특성이 주류사회 구성원(다수자)들에게 흡수되는 과정에서의 차별.

67 기업주의(Corporatism): 사회지배 권력으로서의 기업체 활동이념.

있다.

　일반적으로 공생이란 이질적인 것에 대한 사회적 결합 양식으로, 사회적 결합이란 삶의 형식을 달리하는 사람들이 자유로운 활동과 참여의 기회를 서로 인정하고 상호관계를 적극적으로 지지하고 구축하는 것이며, 각각의 사람이 지니는 타인으로서의 이질성을 이해하고 존중하는 것이 중요하다고 할 수 있다.

(2) 현대사회에서의 관용

공생과 관련하여 주목받는 것이 '관용寬容'이다. 관용이라는 말은 옛 서양 기독교 역사에서 시작되었지만 현대에서는 인종, 민족, 문화의 다양성을 인정하고 인류의 평화를 실현하기 위해 종교적 관용뿐만 아니라 국제사회의 정치, 경제, 교육 등을 포함한 여러 분야에서도 그 의의에 대하여 언급되고 있다.

　불교의 대표적인 관용사상은 『법화경』이 말하는 일승사상이라고 할 수 있다. 종교적 관용이란 견해를 달리하는 사람들에게 자유를 주는 것을 의미하며, 관용에 대해서 말하지 않는 오늘날의 세계종교는 없다고 생각한다. 다른 견해나 악에 대해서도 수용적 태도를 보인다면 그것이 바로 관용의 본래적 의미라고 할 수 있을 것이다. 18세기 초 서구사회에서는 오히려 관용이 악을 시인하는 것으로 비쳐졌다. 불교에서는 초월적, 유화적 특징을 기반으로 한 관용정신을 볼 수 있으며, 특히 여러 설說이 대립하고 있음에도 유화적인 태도로 일관하고 있는 대표적 경전이 『법화경』이다. 『법화경』의 일승사상은 대승과 소승의 대립에 대해서도 유화를 꾀한 것이다.

진리는 하나이며 그 진리를 아는 사람은 다투는 일이 없다라는 초기불교의 교설敎說을 일승사상은 계승하고 있으며, 이는 각각의 역할과 의미를 인정하고 실천하면 궁극적으로 깨달음의 경지에 도달할 수 있음을 의미하는 것이다. 다만 불교에서도 신앙의 순수성을 강조한 나머지 때로는 배타적으로 불관용적인 모습이 보이기도 한다. 따라서 보편적 불교관에 입각하여 관용을 다시 생각해야 하며, 그런 의미에서도 진정한 불교의 의미를 다시 한번 되새길 필요가 있을 것이다. 이러한 관점에서 볼 때 불교의 관용은 인간사회에서 공생을 실현하기 위한 중요한 조건의 하나로서 앞으로 더욱 논의가 되어야 할 것으로 생각된다.

사전적 의미나 보편적 의미의 관용의 해석이 아니라 불교적 의미로서의 해석과 정립이 필요하며 관용의 주체로서 불교의 내적 동기부여가 필요한 시점이다. 현대사회에서의 공생이나 관용의 주체는 주로 다수(majority)의 측면에 서 있다는 것을 볼 때 이는 인간관계의 비대칭성[68]을 구조적으로 보여주는 것으로, 공생과 관용의 실천이나 실현에 유의해야 할 것이다. 우선 소수(minority)에 대한 공생과 관용이 강제성을 띠지 않아야 하며, '다수'와 '소수'가 가진 각각의 다양성과 이질성을 적극적으로 존중하는 것으로 균형과 조화를 구축해야 할 것이다.

공생이나 관용을 실천하는 목적은 '함께 사는 것'과 '함께 부처가 되는 것'이라고 할 수 있다. 이는 화성유품의 경문(願以此功德普及於一

---

[68] 비대칭성: 사물들이 서로 동일한 모습으로 마주 보며 짝을 이루고 있지 않은 성질.

切我等與衆生佛道, 화성유품 제7, p.271) 내지는 여래수량품의 경문(每
自作是念以何令衆生得入無上道速成就佛身, 여래수량품 제16, p.500)에 나
타나 있는데, 우리는 매 순간 스스로를 다스리고 중생들로 하여금
무상도無上道[69]에 들어가 신속하게 불신佛身을 성취하게 하라는 것이
그것이다.

『법화경』에는 오만과 적대자들, 다시 말해 비방 중상하는 자들
또는 상대방의 말을 인정하지 않고 받아들이지 않는 등 경청의
모습을 보이지 않는 존재의 모습이 곳곳에 묘사되어 있다. 예를
들면 방편품에는 붓다의 설법 직전에 그 자리에 있던 5천 명의
수행자들이 그 자리를 떠나는 장면이 있다.(방편품 제2, pp.72~73)
또 권지품에는 세 부류의 강적이라고 일컬어지는 자들이 있어 붓다
의 멸후에 『법화경』의 수지자受持者를 비방하고 중상하는 존재가
있음이 묘사되고 있다.(권지품 제13, pp.414~415) 상호이해와 존중이
곤란한 어려운 상대에 대한 사례, 즉 상불경보살품에서 설파되는
단행예배但行禮拜의 의의는 자타 관계의 재구축에 있어서 필요한
공생의 실현에 이바지하는 것이라고 생각한다.

단행예배란 보살이 만난 사람들(四衆)에게 경전을 설파하지 않고
도 '나는 당신을 얕보지 않습니다. 당신은 보살행을 함으로써 부처
가 되는 고귀한 사람입니다'라고 말하며 예배를 드리는 것을 말한
다. 상대가 욕을 하고 몽둥이나 돌을 던져도 멀리 떨어진 곳으로
이동하여 같은 말을 반복하여 전하고 예배하는 것을 멈추지 않으니

---

69 무상도無上道: 더할 나위 없이 훌륭한 깨달음.

사람들은 그 보살을 상불경常不輕이라고 불렀다.(상불경보살품 제
20, pp.582~584)

상불경보살[70]이 만나는 사람들에게 예배했다는 단행예배의 실천
은 모든 사람들이 갖고 있는 성장과 향상의 가능성을 인간의 본질로
서 존중했음을 알 수 있는 예배행인 것이다. 『법화경』은 법사품
이후에 '붓다가 멸한 후에 보살은 어떻게 이법理法을 설할 것인가'가
큰 주제였다. 그러나 상불경보살은 『법화경』의 가르침을 설하지도
않고 듣지도 않았다. 상불경보살이 어떤 이법을 설하기에 앞서 단행
예배를 드렸던 것은 상대방의 불성 또는 사람이 가진 본래의 청정함
을 무엇보다도 신뢰하고 그것에 맞는 메시지를 전달하고자 한 것이었
다. 또 이법을 설파하는 입장에 있지만 근본적인 자세로 상대방을
공경하는 마음과 자세를 보여주고 있다고 생각할 수 있다. 상불경보
살은 임종 시 공중에서 『법화경』을 듣고 육근청정을 얻어 더욱
수명을 연장하여 『법화경』을 설파하였다. 이로 인해 앞서 상불경보
살을 매도했던 사람들도 그 가르침을 듣고 올바른 깨달음을 얻게
되었다.

상불경보살의 예배행은 일방적으로 예배를 받는 쪽에서 보면
아무런 설명도 없는 부자연스러운 행동이었을 것이다. 그러나 그
예배행에는 인간 존재의 본연의 모습을 완전히 신뢰한다는 확실한
메시지가 있는 것이다. 그 메시지를 전하고자 하는 의지와 마음
행동은 『법화경』의 보살행으로 통하는 것이며, 상불경보살은 후에

---

70 상불경보살常不輕菩薩: 어떠한 사람도 가볍게 보지 않고 공경하는 궁극의
　　겸손을 실천하는 보살.

『법화경』의 진리를 체득하고 그것을 다른 사람에게 전할 수 있게 되었다. 이러한 상불경보살의 자세는 '자타가 함께 상처받지 않는다'는 관점에서 보면 교만과 자만을 갖고 있는 사람조차 상처를 주지 않는 자세라고 할 것이다.

설령 자만심을 품고 있거나 나쁘게 말하는 것이 사실이라도 그런 사람들이 스스로 그것을 깨닫기를 기다려야 하는데 이는 '인욕忍辱'의 속성인 '기다림'과 같은 것이다. 부연하면 이러한 오만한 사람들을 제3자로 대하고 이해하는 것이 아니라 우리 자신과 같은 대등한 존재로 여겨야 하며, 상대방을 교만한 자로 간주하는 것은 내적 성찰을 통하여 반성을 해야 할 것으로 생각된다.

『법화경』을 따르고 『법화경』에 의한 복지실현을 하고자 하는 사람은 무의식적으로 생길 수도 있는 자만심을 벗어나야 한다는 것을 시사하는 것이라고 볼 수 있다.

소극적인 태도로도 공생과 관용은 성립이 되지만 상불경보살은 결코 소극적이지 않고 적극적인 태도를 견지하면서 예배행을 드렸다고 생각된다.

이는 상대방을 불성佛性을 지닌 존귀한 존재로 인식하는 공경심을 지녔기 때문에 적극적인 행동을 보여준 것이다. 상불경보살의 단행 예배는 경전에서 언급된 여러 보살행을 집약한 상징성을 갖고 있으며 보살행의 지향점을 제시하고 있기도 하다. 같이 살며 함께 부처가 되는 것을 목표로 하기 위해 인간의 본질과 본성을 중요시하고 자타 모두에게 상처를 주지 않는다는 이법의 실천 모습을, 상대방을 적극적으로 존중하고 공경하는 자세로 보여주고 있는 것이다.

III. 불교사회복지사업과 실천

1. 불교사회복지의 철학과 윤리

원래 철학이란 진리를 탐구하려는 인간의 정신적인 욕구를 이론적으로 정립한 학문이다. 영어로 "필로소피(Philosophy)"는 "지혜를 사랑한다"는 뜻으로 인간 존재와 세계에 대한 지식을 추구한다는 의미를 담고 있다.

이 철학에는 이론철학과 실천철학을 대별하여 두 영역의 철학이 존재하고 있다. 이론철학은 형이상학(Metaphysics), 논리학(Logic), 인식론(Epistemology)으로 나누고, 실천철학은 윤리학(Ethics), 교육철학(Educational Philosophy), 사회철학(Social Philosophy), 예술철학(Art Philosophy), 그리고 종교철학(Philosophy of religion) 등도 포함하고 있다.

특히 종교철학은 절대자에 귀의하고 유한한 삶을 영생과 연결하려는 소망에서 비롯되며, 창조주의 절대적 권능과 율법, 계율에 순응하

는 종교 가치를 다루는 것이라 할 수 있다.(박선복, 2002)

사실 철학은 또 다른 말로 이념(Mission)·사상으로도 표현되는 것으로, 학문의 최고봉을 철학으로 표시하기도 한다. 철학과 함께 윤리(Ethics) 또한 사회복지와 같이 인권과 인간 삶의 질을 담보해 주는 것으로 가치와 덕목을 잇는 것이다. 이 때문에 불교사회복지의 철학과 윤리를 정립하는 것은 실로 의미가 크다.

모두가 감복減福하는 삶보다는 복된 삶, 작복作福하는 삶을 바란다. 불교는 기복祈福보다는 작복의 종교로, 작복은 베풂, 즉 보시를 통해 남을 돕고 선행을 쌓아가는 것이다. 복福은 애락愛樂이나 쾌락快樂이며, 무복無福 또는 비복非福은 고苦이다. 따라서 작복은 복행福行이고, 복락福樂이다.

작복의 바탕에는 자연적으로 복이 얻어지는 것이 아니라 복은 스스로 짓는 수행의 삶에서 비롯된다는 의미가 깔려 있다. 따라서 노력이 필요하고, 순수하고 진지한 마음으로 정성을 다하여 작복하는 것이 중요하다. 경전에는 복락이 있기까지는 오랫동안 자심慈心을 다해야 하며, 그 과보果報로 복락이 있다고 설명한다. 즉 자심수행은 복인福因 또는 복행福行이고, 그에 대한 과보는 복과福果 또는 복보福報라 한다.

다시 말하면 불교에서의 복지는 복업福業으로, 복업은 복인·복행·복과로 설명되며, 복업에는 평등(慈悲)·사유(智慧)·보시(財施·法施·無畏施)의 세 가지가 있으며, 이를 서로 분리해서 생각할 수 없다. 불교 복지는 인간의 행복을 추구하는 것으로, 자신의 행위에 의해 인과因果를 초래하는 것이며, 자비와 지혜의 마음으로 보시를 실천하는 복행에 의해 복지(福業)를 가져오는 것이다.

붓다(Buddha)는 지혜와 자비가 충만한 사람, 깨달은 사람으로 자신 스스로도 진리를 깨닫고(自覺), 타인도 깨닫게 교도하는(覺他), 자각과 각타의 이행을 완전히 성취한 궁극적으로 이상적인 인간이다. 따라서 붓다에 의한 복지는 타인과 대중을 진리의 길로 인도하는 활동이다.

부처님의 강렬한 전도 의지와 불교도의 종교적 책무가 전법傳法과 교화敎化에 있음을 강조한 전도선언傳道宣言을 보면, 중생구제衆生救濟와 요익중생饒益衆生을 행동으로 옮길 것을 강권하며, 부처님의 전도 목적이 다른 사람의 이익과 행복을 위하는 것임을 분명히 밝히고 있다. 또한 전도선언의 "따로 가라"는 표현은 더 많은 사람을 구제하길 원하고 있다.

즐거움의 복에서 시작되는 복지는 인간에게 주어지는 행복으로, 사전적으로는 행복한 삶 또는 안녕(welfare)과 관련이 있다. 따라서 사회복지(social welfare)는 인간의 욕구 영역을 사회적으로 도와줌으로써 사회적 행복을 추진하는 조직적 노력이다. 한편 종교는 사회의 가치와 규범을 강화하는 방식으로 사회통합에 기여하며, 사회적 연대감과 사회적 응집을 도모하며, 사회변화의 기능을 수행한다. 또한 종교가 그들 고유의 이념과 가치를 구현하기 위해 전개하는 활동 중 가장 오랜 역사를 지닌 보편적 자선이 사회복지 활동이다.

권경임(2000)은 불교사회복지에 대해, 불교를 주체로 하는 복지활동으로서 불교정신으로부터 필연적으로 도출되는 사회적 실천행實踐行으로 보았고, 서병진·성운(2013)은 불교가 주체가 되어 불교의

가치 규범이나 원리·사상 등을 기반으로 사회의 안녕과 행복을
추구하는 사회적 활동으로 이해하였다. 불교사회복지는 불교사상
중에서 복지, 즉 불교복지를 근간으로 하기에 인간의 삶에 행복
(Sotthiya)을 가져오는 것이 불교사회복지(Svastya-yana)이다. 여기
에서의 행복은 태평하여 안락한 안태(安泰, Siva)와 좋고 반가운
깃 또는 경시스러운 일이 일어날 조짐이 있는 상서로움의 길상(吉祥,
Mangala)이다.

불교사회복지의 실천정신으로는 이타적인 발고여락拔苦與樂의
덕德인 기쁨을 주고(慈) 고통을 없애는(悲) 자비가 있고, 자기의
재물을 남에게 나누어 주며(布), 욕심을 버리고 남에게 베푸는(施)
보시가 있으며, 타인에게 은혜를 받았을 때는 비록 그것이 작은
은혜라도 잊어서는 안 되는 보은사상이 있다.

불교복지는 부처님의 가르침이고, 불교사상에서 비롯된 불교사
회복지는 일반적인 사회복지와 공통의 개념과 상이한 요소를 동시에
가지고 있다. 불교복지와 일반적인 사회복지는 인간의 현실적 문제
를 해결하여 주는 복지 측면에서 공통점을 가지고 있다. 하지만
불교복지의 시작은 일반사회복지와 달리 불교정신에 입각한 종교적
목적, 즉 인간을 고苦의 속박에서 해탈에 이르게 하는 불교적 목적을
가지고 있다.

그러나 불교 자체에서 제시될 수 있는 불교사회복지 사상에 대한
연구들이 꾸준히 전개되어 왔음에도 불구하고 불교적 사회복지를
명확하게 규정하는 작업에는 한계가 있어 왔다. 이는 불교사회복지
이론을 위한 작업에 있어서 경전 내용의 방대함으로 인하여 부처님의

가르침에 선택적으로 접근할 수밖에 없는 문제가 있기 때문이다. 이러한 문제들로 인하여 불교사회복지 전개에 대한 구체성과 실효성에 대한 의문이 지속적으로 제기되어 왔다.

현재 사회복지는 주로 정부기관, 지방자치단체, NGO가 주도하고 있고, 종교 분야에서는 교육기관 운영, 복지시설의 위탁운영 등 간접적으로 진행되는 경향이 높다. 이는 종교복지가 실질적 사회복지보다는 포교布教를 위한 의도적 행위에 목적을 두고 있다는 종교사업에 대한 비판적 시각과 사회적 선입견으로 인해 적극적 추진이 되지 못하고 있고, 법적, 제도적으로도 한계가 많은 상황이다.

특히 불교복지는 불자佛子 스스로의 수행과 일체중생의 교화를 통해 복지를 누리게 함에 목표가 있어서 체계적인 사회복지가 진행되지 못하고 있다. 또한 불교의 사회복지는 개인의 정신적, 물질적 욕구충족에만 제한하지 않으며, 행복은 운명적으로 주어지는 것이 아니라 자신의 행위에 의하여 조성되는 행복 창조의 행위인 복행福行에 있기에 사회복지 대상자들의 생활현장에 적극적으로 개입하지 못한 부분도 있다.

2. 불교사회복지의 실천사상 - 자비사상

사회복지 공급시스템의 다원화에 따라 공급 부분도 좀 더 구분해서 보고자 하는 경향이 생겨나 중앙 및 지방정부에서 관장하는 공적 부문과 사회복지법인, 사단법인, 재단법인과 기타 단체에서 관장하는 민간 부문으로 크게 대별되어 왔다. 따라서 자연스럽게 종교단체에서 실시하는 사회복지 행위도 주목받고 있다. 특히 물질주의적 포식 사회에서 야기되는 인간성의 상실은 갈등, 퇴출감, 고립감, 무력감, 강박관념 증대, 차별, 빈곤과 불평등 등의 현상이 증폭되어 인간의 성장을 제한하고 있다.

이러한 상황에서 종교의 역할은 중요할 수밖에 없으며 오랜 역사와 전통적 교의를 지닌 고등종교의 역할에 많은 요구가 제시되고 있는 실정이다. 불교는 개창 이래 수천 년간 사회와 중생들에게 다양한 형태로 기여해 왔음을 알 수 있다. 특히 불교는 종교적 교의와 사회(중생)에 기여하는 사회적 교의를 동시에 갖고 있기 때문에 사회복지 실천과 구현에 최상의 조건을 갖고 있다. 불교와 사회는 오랜 시간에 걸쳐 복지에 대해서 상호보완적 관계를 유지해 오늘날의 사회에서 인식되어지고 있는 불교의 재인식에서 호의적인 반응은 전혀 어색하지 않은 것이다. 불교 구제 활동의 역사성을 뒷받침하는 실천사상은 자비사상이다. 자비의 근본 뜻은 일체중생을 대상으로 하는 시공을 초월한 사명이며, 이는 단절이 아닌 연속(이음)이며 공감이다.

권경임은 불교사회복지의 사상적 기반은 연기법에 입각한 '자비'의 실천으로 발고여락拔苦與樂, 즉 상대방의 괴로움을 제거해 주고 즐거움을 주는 것으로 중생연, 법연, 무연의 자비가 있다고 하였다. 또 자비의 완성은 불교의 중생구제를 위한 방편으로, 물질적 원조에서 정신적 원조로, 여기서 한 단계 더 나아가 자기완성(성불)에 이르기 위한 것으로 현대 일반사회복지의 실천영역을 포괄하는 차원 높은 복지사상이라고 하였다.(권경임, 2004)

불교를 자비의 종교라 할 만큼 자비사상은 불교적 실천의 중핵이며 기준이다. 자비의 자慈는 범어 Maitri, 또 Maitreya, 팔리어 Metta 등이며, 비悲는 범어 Kararia, 팔리어 karuna로 사四무량심 중의 2무량심이다. 자비는 낙樂을 주고 고뇌를 제거해 준다는 발고여락으로 보살의 이타행利他行이라고 신일섭은 정리하였다.(신일섭, 2021)

불교사회복지의 종교적 실천은 자비이며, 불심佛心이란 대자비다. 자비는 대인적對人的, 사회적 실천사상이며 도덕이다. 자비의 현대적 의미는 보편적 인간의 가치관(Universal Human Value)이며, 자타의 대립 관계를 해소한다는 관점에서 보면 미래인류(중생)를 위한 지표로서의 의미를 갖는다.

공감에 의한 실천관인 자비는 불교적 실천의 중심 가치로, 개인의 영적 성장을 촉진하고 사람들이 진정한 행복과 조화를 추구하는 데 도움이 되는 요소임을 불교는 강조하고 있다. 한마디로 자비는 불교 가르침의 뿌리이며, 불교의 시작은 붓다의 가르침인 자비심에 그 원천이 있다고 할 것이다.

자비는 불교의 사회적 실천이라는 관점에서 보면 불자들의 마음에 확고히 자리잡고 있는 이타행인데, 실천적 측면에서는 사회적 복지사업에서의 존재감이 크지 않다. 이는 불교가 자비의 실천에 대한 구체적 방법론이 없기 때문에 기인한 것으로 보인다. 인간이 가지고 있는 제 조건을 초월하는 무상無常의 사랑과 공감을 바탕으로 두고 있는 자비는 이타주의의 전형으로 인식해야 할 것이다. 또한 자비는 시간적, 공간적 한계를 초월하는 영원성을 지니고 있으며, 복전, 복업, 복선 등이 자비의 동의어로 사용될 수 있을 것이다.

김용택은 자비사상을 통해 모든 사람들이 인간으로서의 가치나

품위를 보장받는 개인존중의 원리를 도출할 수가 있으며, 다음으로는 보살이 일체중생의 행복을 위해 자발적 서원을 세우고 자신을 희생시켜 가면서 중생제도에 앞장서려는 자비심의 발로에 자발성 존중의 원리를 도출할 수 있다고 하였다. 그리고 부처님이 인도사회의 계급차별에 대항하여 누구나 출생을 묻지 말고 행동을 보라고 한 인간평등선언으로부터 각 개인의 능력에 따라 모든 사람에게 균등한 기회를 줄 수 있도록 하는 기회균등의 원리를 도출할 수 있고, 이 세상에는 시간적으로 공간적으로 홀로 존재하는 것은 없다는 상의상관의 연기법을 통해 사람이 자신과 사회에 대한 책임을 지는 상호부조와 사회연대의 원리를 도출시킬 수 있다고 하여 자비사상의 실천 가치를 제고하였다.(김용택. 총지신문. 2018. 4. 6.)

다음은 자비사상을 구축하는 대표적인 교의로 볼 수 있는 무재칠시와 삼종자비를 살펴고자 한다.

1) 무재칠시無財七施

무재칠시는 재물이 없어도 타인에게 베풀 수 있는 일곱 가지 종류의 보시행으로, 물질적 경제적 여력이 없어서 재시財施를 할 수 없는 사람이라도 자비를 베풀 수 있다는 붓다의 가르침으로, 안시眼視, 화안시和顔施, 언사시言辭施, 신시身施, 심시心施, 상좌시床座施, 방사시房舍施 등이 그것이다.

1. 안시眼視: 우호적이고 따뜻하고 부드러운 시선으로 대하라.
눈은 입만큼 말한다는 말이 있듯이 연민의 마음으로 상대방을 대하면 자신의 눈을 통하여 상대에게 마음을 전할 수 있고 상대는 자신의 감정을 이해하고 마음을 열 수 있다.

2. 화안시和顔施: 밝고 자비로운 얼굴로 대하라.

얼굴은 사람의 감정을 나타낸다. 부드럽고 온화한 얼굴이 상대방을 편안하게 하므로 참다운 보시이며 공양구이다.

3. 언사시言辭施: 진심어리고 따뜻한 말로 대하라.

말은 사람 사이의 관계를 촉진하는 중요한 의사소통 방법으로, 말 한마디로 다른 사람을 행복하게 하므로 칭찬, 위로, 격려 등이 따뜻한 보시행이 된다.

4. 신시身施: 타인의 수고를 대신하라.

자신의 몸으로 베푸는 신업으로, 도움이 필요한 사람에게 직접적으로 몸을 사용하여 도와주는 보시행이다. 노인, 장애인을 돕거나 짐 들어주기, 수레 밀어주기, 봉사활동 등을 통해서 타인의 행복을 고양시킬 수 있다.

5. 심시心施: 자비심을 갖고 대하라.

자비심을 갖고 온화한 마음으로 타인의 괴로움을 헤아리는 보시행이다. 마음 깊은 곳에서 같이 기뻐하고 슬퍼하며 상대의 고통을 자신의 고통으로 느끼는 동정과 자비의 마음이다.

6. 상좌시床座施: 자리를 배려하라.

자리가 필요한 사람에게 자리를 내어주는 것으로 임산부, 장애인, 노약자, 지치고 힘든 사람 등에게 자리를 양보하는 보시행이다.

7. 방사시房舍施: 숙소(휴식공간)를 배려하라.

나그네(손님)를 위해 자신의 집을 제공하는 보시행이다. 상대방의 마음을 헤아려 도와주는 것으로, 비바람을 피할 곳을 마련해 주거나 비올 때 우산을 제공하는 것 등도 같은 의미이다.

2) 3종 자비

자비는 여러 경전에 매우 다양하게 나타나는데, 대표적으로『대지도론』의 3종 자비를 소개하면 다음과 같다.

1. 중생연자비衆生緣慈悲: 자비심으로 일체중생을 부모님처럼, 형제자매처럼 보는 것이다. 이것을 연으로 해서 항상 약을 주어 고苦를 없애주려는 마음을 말한다. 이것은 범부凡夫 또는 유학인有學人이 아직 번뇌를 여의지 못했기 때문에 있는 것이다. 즉 애증의 판별 없이 중생을 일률평등하게 대하여 항상 호사好事를 구하여 이익케 하고 안온을 얻게 하는 현실적 범부의 사랑이다.

2. 법연자비法緣慈悲: 이미 번뇌를 끊은 삼승의 성인은 법공法空에서 아我의 상相을 파하고 일이一異의 상을 파했지만, 이 공성空性을 알지 못하는 중생은 일심一心에 고를 발하고 악을 얻으려고 하므로 이를 불쌍히 여겨 그 뜻에 따라서 발고여락함을 말한다. 즉 만유의 온갖 법이 가假로 화합한 것임을 알고, 물심의 본체가 공空한 줄을 알아서 번뇌가 없어진 성자聖子가 일으키는 자비이다.

3. 무연자비無緣慈悲: 제불諸佛의 마음이 유위성과 무위성 중에도 있지 않고, 또 과거·현재·미래에도 있지 않으며, 제연諸緣의 부실·전도·허망함을 아는 까닭에 심心에 소연所緣하지 않으므로 중생연, 법연이라고 하는 분별조차 버리고 행하는 절대적인 자비이다. 또한『대반열반경大般涅槃經』에서는 중생에게 이익과 이락을 베푸는 것

이 대자대비大慈大悲라고 말하고, 『보행왕정론寶行王正論』에서는 남을 이롭게 하는 것이 자비심이라 말하고 있다. 그리하여 일체의 사람을 이롭게 하기 위해서는 마땅히 항상 자비심을 일으켜야 한다.

이와 같이 불교는 자비의 종교이다. 즉 자비의 정신은 불교적 실천의 정신으로서 불교에서 사회구제사업을 하는 근본적인 지도이념이 바로 이러한 자비정신에 기인하는 것이다. 이와 같은 자비심이 구상화된 것이 보시행과 복전행이라고 할 수 있다. 자비의 실천은 타인을 자기 속에 전향시키는 것이며, 자타불이의 평등성이 그 특징이다.(신일섭, 2021 재인용)

지금까지 살펴본 바에 의하면 불교의 자비사상은 불교 생명력의 뿌리이자 열매이며, 궁극적으로는 자비로 세상(사람)을 구하는 '자비제세慈悲濟世'의 정신으로, 살아 움직이는 실천 가치임을 알 수 있다.

3. 불교사회복지의 실천사례

불교사회복지에 있어서도 윤리경영이 요청되고 있다. 원래 윤리경영이란 회사경영 및 기업활동 등에 있어 '기업윤리'를 최우선 가치로 생각하며, 투명하고 합리적인 업무수행을 추구하는 경영정신이다. 사실 윤리경영은 기업운영에서만이 아니라 교육이나 사회단체, 더나아가 종교기관까지도 윤리경영의 덕목과 가치가 요구되고 있다. 실제 불교사회복지에 있어서 불교의 사회적 책임이 중요하고, 경영 성과가 아무리 좋아도 사회복지윤리 의식에 대한 사회적 신뢰를 잃으면 불교사회복지의 생명력이 없어지기 때문이다.

현재 불교사회복지사업을 실시하고 있는 각 종단의 실천 운영사례의 특징은 종단 산하에 사회복지 관련 재단을 설립하여 교의와 교리에 근거한 윤리경영을 추구한다는 것이다. 즉 불교의 인간관 및 원조관, 세계관을 토대로 역량을 결집하여 전문적 사회복지사업 수행에 매진하고 있다.

우선 조계종단을 살펴보면, 1995년 2월에 사회복지재단을 설립하여 현재 180여 개의 다양한 불교사회복지시설을 운영하며, 붓다의 자비와 구제중생의 원력으로 불교계의 인적·물적 복지자원을 개발 활용함으로써 국민복지 지원과 진흥에 이바지하여 복지사회를 건설하는 것을 목적으로 하고 있다.

윤리경영을 위한 설립이념은 복지사회 구현, 사회적 평등, 행복추구 등으로, 복지사회 구현의 궁극적인 자기완성은 타자와의 행복실현을 통해 완성되며, 불교사회복지 활동은 전 인류가 행복할 수 있는 불국정토 건설을 목표로 하고 있다.

사회적 평등은 불성을 가진 모든 인간은 평등한 존재이며, 불교사회복지 활동은 불성의 평등을 통해 개인과 개인, 개인과 공동체 간 상호존중을 추구하며, 행복추구는 개인의 참다운 깨달음을 지향하고 자비와 인간존중을 기초로 하여 사회구성원 전체의 행복추구로써 가능하다고 보았다.

또 재단의 설립 목적은 붓다의 자비와 구제중생의 원력으로 불교계 인적·물적 복지자원을 개발 활용하는 불교계 복지자원 개발과, 국민복지 지원과 진흥에 이바지하는 국민복지 이바지와, 복지 분야의 제반 조사·연구·홍보를 하는 복지 분야 조사·연구가 있다. 끝으로 불국정토 구현을 지향한 문화복지사회를 건설하는 것을 목적으로 하고 있다. 사업은 총 9개의 영역에서 실시하고 있으며 운영지원사업, 전략기획사업, 연구개발사업, 인재양성사업, 국제개발협력사업, 긴급재난구호사업, 아동·청소년 육성사업, 후원사업, 자원봉사사업 등이다.

산하시설 사업소는 약 172개소이며 수도권에 108개소, 영남권 34개소, 호남권 19개소, 기타지역 12개소 등 주로 수도권과 영·호남권을 중심으로 운영하고 있다.(조계종 사회복지재단, 2023 http://jabi-nanum.or.kr)

천태종단은 1999년 10월에 복지재단을 설립하여 현재 이용시설, 생활시설·보육시설 등 총 34개 시설을 운영 중에 있다. 주로 수도권과 충북권 중심으로 사업을 펼치고 있고, 붓다의 자비실천으로 생명과 환경이 존중되는 행복공동체 구현을 목적으로 하며, 목표로는 복지공동체를 위한 변화와 성장이 있다. 이를 위해 인간존중의 윤리경영, 지역밀착형 사회복지사업 개발, 문화복지콘텐츠 개발 등을 지향하고 있다. 인간존중의 윤리경영으로는 투명한 경영공개, 공정하고 합리적인 인사시스템, 직원역량 개발, 천태 복지 서비스 표준화 등이 있으며, 지역밀착형 사회복지사업 개발에는 사회공헌 활동 강화, 시민참여, 사회복지문헌 연구, 지역사회조사 연구 등이며, 문화복지콘텐츠 개발은 사회통합 네트워크 구축, 글로벌 브랜드화, 전통문화 계승 발전, 특성화 프로그램 개발 등을 포함하고 있다.

천태종 복지재단은 복지가 필요한 모든 사람들에게 특화된 서비스를 제공하고, 국가와 지역사회를 위한 보편적 복지를 통하여 자비의 실천과 사회통합을 추구하고 복지사회 건설에 이바지하기 위해, 클라이언트 및 모든 이에게 천태종 복지재단과 종사자의 활동을 규정하는 윤리강령을 다음과 같이 제정하여 시행하고 있다.

하나. 우리는 클라이언트의 존엄과 가치를 존중하고, 자기 결정권을 최대한 행사할 수 있도록 한다.

하나. 우리는 대상자를 구분하지 않고, 사회복지 전문직의 가치와 권위를 훼손하지 않는다.

하나. 우리는 대한불교 천태종 복지재단의 차별화된 복지서비스를 제공한다.

하나. 우리는 전문적인 지식과 윤리관을 갖춘 사회복지 종사자로서 부당한 압력을 받지 않으며, 이에 굴복하지도 않는다.

하나. 우리는 종사자 간의 상호협력과 존중을 바탕으로 일하며 시설 내 문제발생 시에는 즉시 조치하여 클라이언트 보호에 앞장선다.

하나. 우리는 지역사회 구성원의 관심과 참여를 바탕으로 업무를 추진하며, 어떠한 이유로도 경제적 이득을 취하지 않는다.

하나. 우리는 시설을 목적에 맞게 운영하고 그 결과를 투명하게 공개하여 신뢰를 근본으로 하는 복지사업을 실시한다.

하나. 우리는 클라이언트로부터 알게 된 정보를 보호하며, 공개 시에는 반드시 동의하에 행한다.

하나. 우리는 법인과 소속기관 활동에 적극 참여하여 시설의 성장은 물론, 적극적인 자기계발로 개인의 발전을 위해 노력한

다.(천태종 복지재단, 2023 www.99org)

진각종단은 1998년 2월에 진각복지재단을 설립하여 종교와 사상, 이념에 관계없이 가난하고 소외된 인간에게, 붓다의 자비와 현세정화現世淨化의 원력으로 국민사회복지 진흥 및 지원에 그 일익을 담당하도록 하였다.

목적사업으로는 사회복지시설 설치, 운영에 대한 지원사업, 사회복지에 관한 수탁사업, 사회복지시설 수탁사업, 노인복지사업, 청소년복지 및 수련사업, 장애인 직업재활시설 운영사업, 자원봉사센터 운영, 국제구호 및 협력사업, 사회복지 연구, 출판, 교육, 상담 및 조사사업, 불우이웃 결연 및 후원사업 등이 있다.

재단의 산하 운영시설은 2021년 현재 30개 시설로 노인복지시설 10개소, 지역복지 시설 2개소, 영·유아 보육시설 9개소, 아동복지시설 6개소, 장애인복지시설 1개소, 한부모가족복지시설 2개소 등이다.(진각복지재단, 2021)

복지재단이나 산하시설 종사자들의 윤리강령 제정은 별도로 없다.

한국불교여래종단은 우리나라 불교 종단의 불교 교리에서도 여래 곧 부처의 보살사상, 즉 복지 실천을 중요시하는 종단이다. 원래 여래종단에서는 법신法身, 보신保身, 화신化身의 3신 여래를 일체불로 보는데, 곧 여래가 "어머니가 아이를 안고 있는 마음"이라는 것이다.

여래는 세상에 거룩하게 생명을 가지고 오고

세상에 여여하게 머무르고 세상에 여여하게 떠나는 참모습

여래 종단에서는 사실상 지향하고 있는 교리나 실천방안이 신불교 여래 본문 7개 서원에 담겨 있으며, 이를 토대로 불교사회복지 윤리경영을 추구해 오고 있다.

신불교 여래 본문 7대 서원

- 나는 나의 주(我主) 묘법신妙法身 여래불 천백억 화신化身으로 세상 현존 보살로 태어남을 믿음으로 확신합니다.
- 나는 여래 화신化身 분신임을 믿고 부모, 형제, 이웃 사부대중의 거룩한 인연도를 믿으며 감사, 은혜, 보은을 위한 보살실천 정진할 것을 행원으로 서원합니다.
- 나는 사람으로 인하여 이름 지어진 명호 유일하다는 이름 믿지 않음을 서원합니다.
- 나는 보살행을 실천하면 미묘법이 성취되어 입여래회향 구경함을 행원으로 서원 확신합니다.
- 나는 사생의 주인은 묘법신 여래이며 생명 모두는 차별 없이 평등하기에 공생, 공영, 공존을 위한 대자대비 사랑을 행원으로 실천 서원합니다.
- 나는 중생이 곧 보살, 보살이 곧 여래임을 믿고 전도·전법·전승을

서원합니다.

• 나는 삼귀계 10선계를 지켜가며 화해·용서·포살·자자·참회 생활
과 6바라밀 보살행 실천·8정도를 성취하며 묘법신 여래로 구경됨
을 믿음으로 정진 서원합니다.

이 같은 신불교 여래 본문 7대 서원에 의거 한국불교여래종은 2004년
2월에 원주 약사사에서 여래구도복지재단을 설립하고 사회복지활
동을 시작하였다.

여래구도복지재단은 산하시설로 장애인 시설인 여래원을 개원했
는데, 여래원은 250평 규모로 법당을 비롯해 작업 활동 공간·숙소
등의 시설을 갖추고 있으며, 장애인 50명과 독거노인 20명이 생활하
도록 하였다. 또한 여래종은 전국에 5개 이상의 복지관을 설립하고
적극적으로 복지 활동에 이바지하고 있다.

한국불교여래종 동광장애인복지재단은 장애인의 작업시설 운영
에 필요한 후원자를 모집하기 위해 자비 나눔의 전화를 개설하고
있다.

불교사회복지 활동은 사회적인 역할을 확대하고 불교의 위상을
제고하는 효과가 크다고 할 수 있는데, 우리나라는 종교기관이 여러
지역에 산재해 있어서 지역복지사업을 전개하기에 유리하다. 종교
가 모든 욕구를 다 충족시켜 줄 수는 없지만 종교가 가진 인적·물적
자원과 정신적 유산을 잘 활용한다면 종교의 사회적 역할을 효과적으
로 수행할 수 있을 것이다.

이를 위해서 종교는 사회복지의 원칙을 알고 실천해 나가는 것이

바람직한데, 불교의 자비 정신을 바탕으로 사회적인 역할을 수행하고, 자발적·선도적으로 복지를 실천하고, 공공복지를 보완하는 역할을 하며, 복지대상자들을 우선으로 대하며, 종교와 종파 간의 상호공조체계가 이루어지도록 해야 할 것이다.

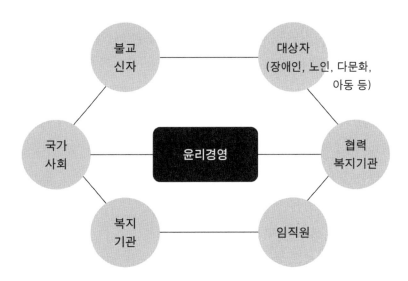

또한 여래종단에서는 불교사회복지 윤리경영의 목표를 세우고 현재에도 매진하고 있다. 여래종은 윤리경영을 사회복지활동의 기본으로 하고 있으며, 특히 국가 사회에 대한 종교의 책임의식을 바탕으로 불교사회복지 문화가 정착되도록 최선을 다하고 있다.

4. 불교사회복지와 ESG 패러다임

포스트 코로나 시대의 윤리경영 화두로 환경(Environment), 사회(Social), 지배구조(Governance)에 중점을 두는 ESG 패러다임 전략은 지속가능한 성장을 위해 인간과 사회의 현재와 미래를 생각해야 한다는 생존 철학을 담고 있다.

또한 기업이 사회의 일원으로 지역사회와 상생·협력을 통해 사회적 책임을 다하며 지속가능한 역할을 할 수 있도록 하는데 불교사회복지 분야에 참여와 지원을 통한 기업의 사회적 공헌은 각별한 가치와 의미를 갖고 있다. 한 예로 불교사회복지 분야에서는 우선 장애인 재활윤리와의 접목이 요구되고 있다. 재활윤리의 5대 강령인 자율성(Autonomy), 정당성(Justice), 비해성(Non-maleficence), 수혜성(Beneficence), 충실성(Fidelity)을 도입하는 한편 ESG 경영 윤리와 융합시키는 지혜가 필요하다.

1) ESG 패러다임의 이해

'ESG 패러다임'이란 글로벌 대전환기, 특히 지구촌적 기후위기시대를 맞아 기업이 이윤추구와 함께 사회적 책임을 다하지 않는다면 그 기업의 지속적인 성장을 보장할 수 없다는 새로운 인식이다.

ESG는 'E'인 환경(Environment), 'S'인 사회(Social), 'G'인 지배구

조(Governance)를 각각 뜻하는데, 투자자 관점에서 참여와 친환경, 사회적 책임, 투명하고 건전한 지배구조를 통한 협치를 지향하는 의미를 지닌다. 따라서 환경, 사회, 지배구조 등을 뜻하는 기업의 비재무적 요소가 어느 때보다 중요해졌다. 다시 말해 ESG는 투자자 관점에서 참여, 친환경과 기후위기 대응, 사회적 책임성을 강조하고, 투명한 지배구조를 지향하는 기업의 세계적인 평가 기준이 되었다.

이것은 글로벌시대에 맞게 국제적 평가기준이 기업에 적용되는 큰 변화이다. 그 이면에는 지구촌의 위기의식과 투자자와 이해관계자의 가치판단 기준 변화, 투자 위험을 줄이려는 지향이 있고, 구체적으로는 환경파괴, 기후위기, 직원의 인권존중 중시, 투명성과 준법, 이사회의 실질적 활동에 대한 요구가 있다.

실제로 기업이 환경, 사회적 책임, 투명한 지배구조를 간과하여 사회적으로 문제가 되는 일들이 적지 않다. 기업의 ESG 측면에서 우리에게 영향을 미칠 것으로 예상되는 사안들을 살펴보면, 환경에서는 온실가스 배출, 폐기물 및 환경오염, 물, 생물 다양성 등이고, 사회 관점에서는 이용자 관계, 안전, 지역사회, 근로자 및 다양성 등이며, 그리고 지배구조에서는 반부패 경영, 투명성 확보, 준법 정책과 리스크 관리가 국제 수준에 부합하는가 등이다.

이러한 문제들에 대한 지구촌적 고민이 낳은 해결책으로 한계에 다다른 종전의 방식을 제외시키고, 기업에 대한 부정적인 영향을 최소화하고, 실질적 기능을 하여 중장기적으로는 위험 감소가 되도록 하는 환경을 조성토록 하는 것이다.

이를 위해 세계 주요 연기금 등에서 기업이 ESG를 준수하도록 압박하고 있으며, 투자자 입장에서도 안정적인 투자를 위해 기업의 ESG 실천을 통한 지속가능한 성장을 요구하고 있다. 기업으로서도 ESG를 통해 신뢰 확보, 기업 보호와 위험 관리, 좋은 이미지 구축 등으로 투자자와 이해 관계자의 만족을 추구하고 있는 것이다.

그런데 작금의 흐름은 기업만이 아니고 공공기관, 지방자치단체, 심지어 사회복지기관에까지도 ESG 경영 개념을 강조하고 있는 실정이다. 어떻게 보면 사회변화를 위한 비영리 복지기관과 이윤 추구의 기업이 같은 곳을 바라보고 있다는 점이 특이하기만 하다.

사실 불교사회복지 영역에서는 ESG 패러다임이 내세우는 환경, 사회적 책임, 협치라는 말이 결코 낯설지 않다. '환경 속의 인간', '생태체계적 관점' 등의 단어에서 보듯, 사회복지는 개인을 둘러싼 환경까지 고려하면서 비영리조직으로 사회에 봉사하는 그 책무성을 다하고 있었던 것이다. 또한 다양한 협치를 통해 기관, 지역단체, 지자체와 협력하며 사회복지 환경을 만들어 가고 있는 것이다.

ESG 패러다임은 공급자 중심에서 소비자 중심으로 나아가라는 신호탄이다. 이러한 바탕에서 사회복지가 ESG 패러다임을 수용하는 것은 극히 자연스러울 수밖에 없는데, 이러한 변화를 단적으로 표현하는 단어가 포용 혹은 포괄사회(Inclusion), 즉 누구도 배제되지 않는 사회와 지속가능 발전 목표인 SDGs(Sustainable Development Goals)이다.

이것은 2015년 9월 'Transforming Our World(우리 세계의 전환)'로 채택된 UN SDGs 2030(Sustainable Development Goals 2030) 합의문에

서 잘 표현되고 있다. 합의문 서문에서는 "이 의제는 사람, 지구, 그리고 번영을 위한 행동계획이다"라고 밝히고 있으며, 좀 더 많은 자유가 있는 보편적인 평화를 강화하고자 함을 강조하면서 "모든 국가와 모든 이해 당사자들은 협력적 파트너십을 통해 이 계획을 이행할 것이다"라고 하고 있다. 이처럼 유엔 SDGs는 전 세계가 인류의 지속가능한 발전을 위해 2030년까지 공동 달성하기로 유엔총회에서 합의한 과제로 '어느 누구도 뒤처지지 않게 한다'는 포용성이 목표 달성의 핵심이다.

유엔 SDGs 2030은 17개의 목표(Goals)와 169개의 세부목표(Targets)로 구성되어 있다. 169개 세부목표는 목표 달성을 위한 전략이라고 볼 수 있는데, 193개국이 모두 참여한 것이라 17개 목표별로 각국의 발전단계에 따른 세부목표가 서로 다를 수 있는 것이다. SDGs의 목표연도인 2016부터 2030년까지 각국은 매년 7월 유엔총회에 SDGs 이행상황을 보고해야 하며, 4년에 한 번씩은 각국 정상회담을 통해 이행체계를 점검하기로 되어 있으며, 이를 위해 230여 개의 평가지표를 마련하고 있다.

바로 이것이 새로운 기업경영 패러다임인 ESG의 시발점이라 할 수 있다. 사회복지에서는 유엔 장애인권리협약과 인권전략으로 구체화되고 있다. 그런데 이 두 큰 물줄기에 공통으로 영향을 주고받는 핵심이 바로 포용사회와 지속가능 발전 목표인 것이다. 아울러 기업 영역의 ESG 역시 포용사회와 지속가능 발전 목표의 직접적인 영향을 받고 있다. 이처럼 사회복지와 기업의 영역 그 경계가 허물어지면서, 지구촌 공동의 목표를 위해 서로 접근하고 있는 것이다. 곧 이용자 혹은 소비자와 투자자 중심의 관점인 ESG는 포용 혹은 포괄사회 (Inclusion), 즉 '누구도 배제되지 않는 사회'와 장애인복지의 국제적 흐름인 지역사회중심 포괄개발(CBID)의 지향이 '지속가능 발전 목표'라는 공통된 목표를 지향하고 있다. 특히 기후위기와 코로나 19로 인한 팬데믹 등 대전환의 시기에 SDGs에 바탕한 ESG 패러다임의 의미와 실천은 그 중요성이 갈수록 더해가고 있다.

2) ESG와 불교사회복지의 변화

그러면 불교사회복지에 있어서 기업의 ESG는 어떠한 영향을 줄 것인가를 생각해 보면, 우선 친환경, 저탄소라는 사회적 지향을 통해 환경오염, 기후변화에 대한 관심이 늘어나고 이로 인한 장애 발생이 감소될 것을 기대할 수 있다는 점이다.

두 번째는 사회적 책임성으로 사회발전 기여는 물론 사회복지 영역과의 동행, 참여 확대로 공생의 기틀을 넓힐 수 있을 것인데, 장애인복지 영역에서도 기업의 참여 가능성을 높이는 선제적 노력과 환경을 적극적으로 만들어야 하겠다.

세 번째는 기업이 내부의 협치를 넘어 상생의 사회적 분위기 조성 속에서 다양한 협치를 기대할 수 있다는 점이다. 이미 사회복지 현장에서는 기업의 사회적 책임 차원에서 사회복지에 참여하는 이른바 '산복협력'이 다양하게 펼쳐지고 있다.

이처럼 밀접한 관련성을 지니고 있는 ESG와 SDGs 관계를 살펴보면 ESG는 SDGs를 실현하기 위한 하나의 과정이자 중간 목표라고 할 수 있다. 산업과 사회 전반이 인공지능, 사물인터넷, 로봇, 빅데이터 등 여러 혁신적 기술을 도입해 중대한 문제를 해결하는 4차 산업혁명 시대를 맞아 ESG 패러다임은 사회문제 해결에 있어 지속가능성을 담보함으로써 궁극적으로 SDGs 실현에 기여하고 발전해 간다는 것을 보여주고 있다.

사회복지에서 ESG 패러다임으로 요구되는 과제는 첫째, 비영리조직도 기업처럼 소비자에 매력적인 것을 지니는 것과 둘째, 미션 달성도를 성과로 표현하여 관리와 시스템의 충실 수행을 나타내는 것과 마지막으로 비영리조직 역시 사회적 기업가 정신이 필요함 등을 들 수 있다.

코로나 19 펜데믹 이후 우리 사회는 '포스트 코로나'라는 말 그대로 전혀 새로운 사회를 전망하게 하고 있으며, 우리 사회의 재구조화를 촉구하고 있다. 이럴 때일수록 새로운 생각, 다양한 영역 간의 유연한 연계, 협력을 통해 포용사회를 위한 슬기로운 동행과 지혜가 절실한 시대다. 그 동행과 지혜를 얻는 데 있어 ESG 흐름을 이해하고, SDGs 개념을 사회복지 영역과 연결해 보는 생각과 실천은 더 의미 있을 것이다. 특히 코로나 19로 인한 팬데믹의 경험은 사회복지와 기업 사이의 결합을 더욱 가속 심화시켜 나갈 것이다. 이러한 변화의 확산은 선순환적으로 우리 사회에 ESG 패러다임을 정착시켜 '슬기로운 포용사회'를 만들어 가는 데 의미 있는 움직임이 될 것이다.

이러한 글로벌 대전환기를 맞아 여래종 역시 이러한 경영 마인드로 ESG 패러다임을 추구해야 할 뿐 아니라, 서비스 대상자를 이제까지의 단순히 의료적 재활을 넘어 장애인의 인권 보장 및 사회통합, 직업재활을 통한 소득보장 등으로 사회적 통합까지 꾀해 사회적 책임을 다해야 할 것이다. 특히 장애인복지를 중심으로 하는 자립복지의 실현은 진정한 초일류국가로 대한민국을 나아가게 하는 데 초석이라 할 수 있다. 한국불교여래종은 ESG 패러다임에 부응하는 자립복지 혁신 연구와 개발·시행을 통해 포용적 복지국가 대한민국 실현에 이바지할 것이다.

3) 불교사회복지와 ESG 패러다임의 접목

불교사회복지의 발전 방안으로서 ESG 윤리경영은 참여, 친환경과 기후위기 대응, 사회적 책임을 강조하고, 투명한 지배구조를 지향하는 불교사회복지 재단이나 기관으로 혁신과 개혁이 요구된다.

원래 ESG는 포용 또는 포괄사회(Inclusion), 즉 누구도 배제되지 않는 사회와 불교사회복지의 국제적인 흐름인 지역사회 중심 포괄개발(CBID)의 지향점인 '지속가능 발전 목표'라는 공통된 목표를 지향하고 있다. 따라서 ESG를 통해 환경친화적이며 장애물 없는 생활환경(Barrier free)을 조성해 주고 기업이나 사회구성원의 사회공헌과 종교의 본질적 가치인 사회복지와 생명 구령, 나아가 사회복지 윤리경영을 통해 사실상 헌신, 봉사하는 지배 구조를 구축하고 성장하도록 해야 한다. 글로벌 ESG 패러다임에 부응하는 불교사회복지의 실천방안을 모색해 나가야 할 때인 것이다.

5. 불교사회복지의 UDI(Unique Diversity Ideology) 패러다임(paradigm)

기업이 이익만 추구하는 단방향 집단에서 책임과 의무까지 다하는 양방향 집단으로 생존해야 하는 키워드로 ESG 경영이 대두되고 있다. 기업의 평가 핵심은 종전에 재무적 가치의 신장 여부에 따라 평가되어 왔지만 이제는 환경적 고려, 사회적 책임(공헌), 기업구조(윤리경영) 등으로 평가 요소를 확장함으로써 비재무적 가치로 진단, 평가하겠다는 것이다. 한마디로 기업이 창출하는 이익도 책임과 의무에 기반한 것이어야 한다는 것이다. 오늘날 현대사회의 속성 중에 나타나는 종교 다원주의의 팽창, 가치와 윤리의 다원주의 속에서 고등종교로서의 사회적 책임과 사회적 상처(아픔)에 임하는 불교의 역할, 특히 사회복지적 역할이 주목받고 있다.

붓다는 추상적이거나 학습된 전제(선입관)에 기초한 추론을 지양하고 인간의 현재 실존 상태에 대해서 주목하였다. '인간이 현재 어떻게 존재하고 있는가'에서 시작하여 모든 만물이 연기緣起에 의해 존재한다고 하니, 이는 서로의 의존관계를 의미하며 인연에 따라 생멸한다는 가르침인 것이다. 여기에는 모든 것을 현실의 상태 그대로 보고 아는 실존적 인식이 바탕에 있는 것이다. 나아가 모든 것이 공존하고 있는 상태를 나타낸 공空은 변화와 가능성에 대한 개념으로 인식하여 우리에게 지나친 집착 없이 현재에 집중하며 살아가라는 가르침과도 맥을 같이하고 있다.

불교사회복지는 역사적으로 오랜 시간 동안 자비행을 통하여 지속적으로 인간복지의 완성도를 높여왔지만 기업처럼 현대사회의 특성에 맞는 새로운 패러다임을 구축할 필요가 있다. 불교의 사회적 역할이 새롭게 인식되기 위해서는 사회참여, 교리, 이념, 사상들의 재해석, 실천성 및 전문성에 대한 규범적 정의 등이 필요하다.

불교의 발생은 당시의 사회적, 윤리적 관습에 영향을 입은 바 크다. 그러나 현대사회에서의 종교는 사회와 윤리 등을 간과하는 현상을 보이지만 현대사회는 냉정하게도 사회성과 윤리성 측면을 분명히 요구하고 있는 것이다. 이에 맞춰 불교도 붓다의 가르침과 교의를 현대적으로 재해석하고 실천종교로서의 깊은 현장 탐색과 대안을 모색해야 하는 자기 활성화가 필요하다.

지금까지의 불교사회복지는 감성적 실천에는 우수하지만 사회적 논리성이 약한 편이었는데, 사회복지의 실천에는 보편성이나 논리성이 뒤따라야 한다. 불교의 사회복지의 큰 기둥인 연기상관緣起相關이나 공존성共存性은 오늘날까지 불교사회복지의 실천행에 큰 원천이 되고 있다. 현대의 사회복지는 자립이나 자율이 특징이며 나름대로 시의에 맞게 패러다임이 형성되어 왔다.

불교사회복지에 대한 가치를 도출하기 위한 독자적인 패러다임(paradigm)의 필요성이 대두되고 있으며 이 패러다임을 통해서 불교가 고등종교로서 갖는 사회에 대한 포용과 복지적 윤리를 공고히 할 수 있을 것이다.

불교사회복지의 패러다임 키워드는 고유성(Unique), 다양성(Diversity), 이념성(Ideology) 등이 있다. 불교가 사회복지를 실천함에 있어 UDI의 의미를 정립한다면 불교사회복지의 방향성 제시나 지향점을 명확히 할 수 있을 것이다.

예를 들어 불교사회복지의 고유성(U)을 찾는다면 우선적으로 불교의 사회성과 복지성, 인간관, 구제관 등이 논의될 수 있으며, 연기상관, 천지동근, 만물일체, 5계, 공空사상 등 붓다의 가르침은 무궁무진하여 그 고유성을 충분히 지니고 있다.

다양성(D)은 종교, 가치, 윤리, 정치, 경제, 문화, 사회 등 다원화된 사회와 조직에서 각 개인의 인성(특성), 배경, 경험(학습)을 독립적(개별화)으로 인정하고, 이러한 다양성을 수용적 태도로 포용하는 인사이다. 개인이 갖고 있는 다양한 고유성을 가치화하는 것이다.

현재를 중요시하는 불교의 모든 존생存生에 대한 평등관의 토대는 모든 존재가 서로 연결되어 있다는 것으로, 모든 사물과 현상이 의존적으로 연결돼 있으며 독립된 실체를 갖고 있지 않다는 것이다. 따라서 인종, 성별, 국적, 나이, 장애, 개인의 정치, 사회, 경제적 배경 등의 다양성을 존중하고 인정해야 하는 것이다.

불교에서는 육바라밀을 실천행의 규범으로 보고 있는데 보시, 지계, 인욕, 정진, 선정, 지혜가 그것이다. 육바라밀은 현대사회의 복잡다단한 다양성을 개념적으로 충분히 설명할 수 있으며, 현대사회의 복지문제 해결에 대한 대안 제시에 충분한 토양을 제공하고 있다.

〈그림〉 대승불교의 육바라밀(신일섭, 2021)

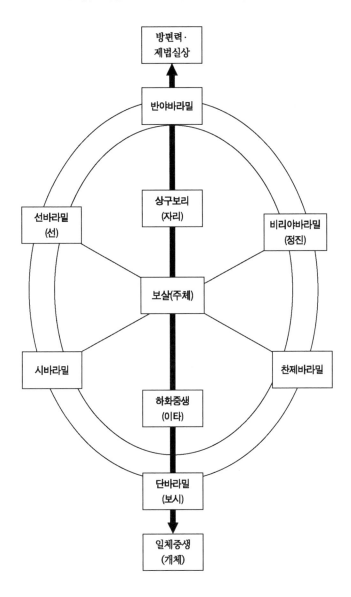

142

이념성(I)은 불교가 현대사회복지를 실천, 구현하는 데 있어서 궁극적으로 제시하는 이념에 대한 것으로 삼보(불·법·승)를 통한 사상적 좌표로 최후의 불국정토를 구현하는 핵심이 되는 것으로 공空사상이라고 할 수 있다.

공空은 사전적 의미의 공허함이 아니라 모든 것이 공존하고 있음을 나타내며, 변화와 가능성에 대한 해석으로 우리에게 지나친 집착을 버리고 현재에 집중하여 살아갈 것을 요구한다.

공空의 이념은 눈에 보이는 도덕적 개념이 아니라 사회나 개인의 공정성과 정의 또는 불평등을 해소하고 공생할 수 있는 환경을 의미한다.

공생共生은 중생들의 서로 다른 상황을 고려한 개별화된 공평한 기회를 부여하는 것으로, 자비와 연민의 마음을 갖고 실천하는 도덕적 가치이며 개인과 사회의 개발과 성장을 중요하게 여긴다. 자비와 연민의 마음은 타인을 돕고 지원함으로써 개인의 행동을 사회적 환경과 책임에 영향을 미치는 실천행인 보살행으로 여긴다. 이렇듯 공생은 인간의 도덕적 발전과 사회번영을 위한 불교의 중요한 가르침으로 형평과 평등에 기반한 불교사회복지 실천의 중심 이념이다. 현대사회에서도 공생의 이념은 다양한 분야에서 중요한 역할을 하며 인간의 삶과 사회의 향상을 위한 지속적 원천이 되고 있다.

공생은 사회적 아픔을 겪는 소수자와 약자의 결함을 치유하는 효과적인 자리이타이다. 불교사회복지의 고유성, 다양성, 이념성은 무형의 가치이지만 실제로 현대사회를 불국정토로 구현하는 핵심 가치로 삼아야 할 것이다.

〈그림〉 불교사회복지 이념도(신일섭, 2021)

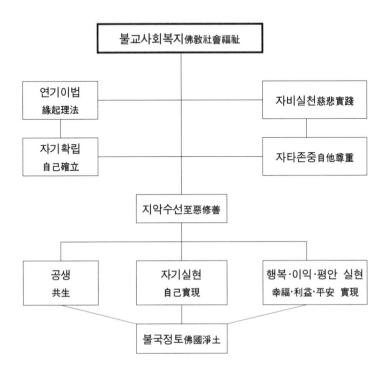

IV. 불교사회복지사업의 실천과제

불교가 개창 이래 오늘날까지 대중들의 많은 관심 속에 시대에 맞는 신앙 중심의 사회적 성찰을 해왔음은 주지의 사실이다.

특히 중생구제(원조)의 문제는 불교의 역사 그 자체라고 해도 과언이 아니며, 이는 불교가 평등의 종교라는 것이 입증된 것이다. 연기상관에 입각한 평등은 주체·객체의 구분을 허무는 불교사상의 핵심이며 불교사회복지의 가치나 실천 동기 부여의 근원이 되었다.

불교가 유구한 세월과 함께 종교사회복지의 한 축을 감당해 왔으나, 급속한 사회변화로 인해 사회가 기형적으로 변하는 결과를 초래하였다. 기형적 사회일수록 국가와 종교의 책임이 확대되나 이를 책임지기에는 여러 가지 제약이 따른다. 소외계층이나 약자에 대한 불교의 폭넓은 관심과 불교의 사회참여, 대중화, 생활화 등을 통한 복지욕구팽창 해소와 불교의 사회적 기능, 책임 및 윤리에 대한 불교사회복지의 사상적 논의가 있어야 할 것이다.

1. 불교사회복지 사상에 대한 교의적 가치의 재정립

'현재'를 강조하는 붓다의 가르침에 부합하는 새로운 해석의 '평등관'
이 필요하며 자타불이, 자리이타의 근간을 이루는 구조와 실천행의
구체화를 도모해야 한다.

2. 불교의 사회적 기능 논의 필요

종교로서의 불교는 사회에 대한 책임의식을 가질 필요가 있으며,
그 책임을 실천하기 위한 실천행을 요구받고 있는 상황이다. 특히
만물일체의 사상을 갖는 불교의 공익적 성격으로 볼 때 매우 현실적
인 요구이기 때문에 불교의 '사회적 기능'에 대한 논의가 절대적으로
필요한 상황이다. 보다 교의적이고 효율적인 사회복지 실천을 위해
서는 불교 고유의 사상에 기반한 '사회적 기능'의 함의 도출이 필요
하다.

3. 일반사회복지와의 균형(조화) 시도

불교사회복지의 사상과 기능(실천행)이 일반사회복지의 가치와 윤
리, 목적, 전문적 지식 및 기술에 적합하거나 부합하여 균형을 이루는
것이 매우 중요하다.

4. 발전된 실천체계 구축

불교사회복지사업의 특징은 자발적이고 독립적 실천체계를 갖고는 있으나 전문적인 실천체계나 학문적인 체계 구축이 미흡하다. 따라서 고유성을 띤 체계 구축의 재정립이 필요하다. 이를 토대로 해야 비로소 불교사회복지 전달체계가 궁극적으로 완성이 된다.

5. 사회적 함의 도출

불교사회복지는 윤리성, 실천성에는 뛰어나지만 이를 지탱하는 논리성 확보나 사회적 함의 도출은 미흡하므로 불교 차원(종단. 신도. 사회 등)의 노력이 필요하다. 불교사회복지에 대한 보다 본질적이고 일차원적 지향점 도출에 대한 함의 도출이 필요하다.

6. 윤리에 기반한 공생 구현

불교의 사상에 근거한 윤리가 사회에 어떠한 기여를 할 것인가, 그리고 중생들의 문제 해결과 붓다의 가르침을 어떻게 체화하여 공생의 가치를 전파할 것인가에 대한 통찰이 필요하다.

7. 불교사회복지의 새로운 패러다임 정립

불교는 중생(사회)들에게 일방적으로 시혜를 베풀었던 시대를 벗어나 고등종교로서 사회적 책임을 감당하고 대승적 차원에서 공존공생을 도모하고 있다.

이에 붓다의 가르침과 교의를 달성하는 실천종교로서 독자적인 불교사회복지의 패러다임을 정립해야 할 것이다. 이는 불교가 고등종교로서 갖는 복지적 윤리를 공고히 하는 것으로 고유성(Unique), 다양성((Diversity), 이념성(Ideology)을 키워드로 삼아야 할 것이다. U.D.I를 통하여 불교사회복지의 방향성 제시나 지향점을 명확히 할 수 있을 것이다.

참고문헌

〈경전〉

『묘법연화경』 전7권, 석인왕 편역, 도서출판 대정원, 1989.

〈국내문헌〉

권경임, 『현대불교사회복지론』, 나남, 2000.

_____, 『불교사회복지 실천론』, 학지사, 2004.

_____, 『사회복지 실천과 영적자원』, 신정, 2011.

조보각, 『불교사회복지 사상사』, 중앙승가대학출판사, 2001.

조보각 외, 『불교사회복지개론』, 운주사, 2012.

김태길 외, 『우리시대의 윤리』, 뜨인돌, 2001.

심상용, 『사회복지윤리와 철학』(2판), 학지사, 2020.

석인왕, 『법화경의 공덕』, 한국불교여래종 여래실상연구원, 2018.

_____, 『인왕대승정설법집』 1권, 한국불교여래종 여래실상연구원, 2019.

김동화, 『불교학개론』, 보련각, 1984.

곽철환, 『불교의 모든 것』, 행성B잎새, 2014.

박광준, 『붓다의 삶과 사회복지』, 한길사, 2002.

이준우, 『사회복지 용어사전』, 서현사, 2011.

임송산, 『불교사회복지』, 홍익제, 1983.

〈국외문헌〉

Bartlett, H.M.(1970), *The Common Base of Social work practice*, National Association of Social Workers Inc.

Gordon, W.E.(1965), *Knowledge and Value: Their Distinction and Relationship in Clarifying Social Work Practice,* Social Work, Oxford University Press, 32-39.

Reamer, F.G.(1999), *Social Work Values and Ethics*, Columbia University Press.

Pearce, J.(1996), The value of social work. In vass, A.A.(ed) *Social Work Competences: Core Knowledge, Value and Skills*, Sage publications.

Canda E.R: Furman L.D.(2010), *Spiritual Diversity in Social Work Practice: The Heart of Helping*, Oxford University press.

Brown, H.C.(1996), The knowledge base of social work. In Vass, A.A.(ed) *Social Work Competences: Core Knowledge, Value and Skills*, Sage Publications.

島田啓一郎, 『社會福祉の思想と理論-その國際性と日本的展開』, ミネルヴバ書房, 1980.

森永松信, 『佛教社會福祉學』, 誠信書房, 1964.

_____, 『社會福祉と佛教』, 誠信書房, 1975.

淸水海隆, 『大乘佛教と福祉思想』, 山喜房佛書林, 2002,A.

渡部公容, 「敎化とカウンセリンク-法華七喩の心理學」, 『現代宗教研究』 31, 1977.

秋山智久, 『社會福祉實踐論-方法原理・專門職・價値觀』, ミネルヴバ書房, 1980.

古川孝順, 『社會福祉學の新地平』, 有斐閣, 2008.

寺田貴美代, 『社會福祉と コミュニティー共生・共同・ネットワーク』, 東信堂, 2003.

〈논문 및 자료〉

김기붕, 「불교사회복지 사상과 실천현황에 관한 연구」, 계명대학교 여성대학원, 사회복지학과 석사논문, 2002.

박경준, 「대승불교사상가 사회참여일고」 『불교학연구』 제24호, 불교학연구회, 2009.

신일섭, 「불교사회복지사업의 수행도에 미치는 영향요인 연구」 『한국불교학』 제93호, 한국불교학회, 2020.

_____, 「불교사회복지 보살사상의 실천성 연구」, 위덕대학교 박사학위 논문, 2021.

임해영, 「불교사회복지의 개념재구성」 『불교학연구』 제12호, 불교학연구회, 2005.

조계종사회복지재단, 「ESG 경영확산, 사회복지는 어떻게 실천해 나갈 것인가?」,
　　조계종 사회복지재단, 2023.
최균, 「민간복지 활성화를 위한 종교사회복지의 역할과 과제」『월간불교문화』
　　6월호, 대한불교진흥원, 2020.
문화체육관광부, 「2018년 한국의 종교현황」, 문화체육관광부, 2018.

김용택, 「불교사회복지 사상과 실천」(총지신문, 2018. 4. 6.)
법보신문, 「ESG와 불교」(2021. 6. 7.)

조계종사회복지재단: http://www.jabinanum.or.kr
천태종 사회복지재단: http://www.99.org
진각복지재단: http://www.jgo.or.kr

찾아보기

명안 스님(신일섭)

경북 고령에서 태어나, 독실한 불교 집안의 영향으로 초등학교 시절에 이미 불문에 들어 오늘까지 오로지 붓다의 가르침을 실천하고 수행하는 용맹정진의 자세로 살고 있다. 일찍이 붓다의 가르침이 사회복지의 구현에 부합한다는 것을 깨닫고 불교의 사회화, 대중화, 생활화에 부단없이 노력하여 성남시 무료급식소 운영(1982년)을 필두로 연꽃유치원(성남), 동광 장애인복지재단(원주) 등의 대표를 역임하였다.

사회복지의 전문성을 불교사회복지에 적용하고자 학업에 매진하여 광주대학교(학사), 동국대학교(석사), 위덕대학교(박사) 등에서 학문적 토양을 쌓았다.

한국불교여래종 총본산금강대약사사(옥천)를 창건하였으며, 성남 정법사 주지, 한국불교여래종 총무원장, 여래구도봉사단 대표를 맡고 있다.

시집 『적일연연』을 출간하였고, 「불교사회복지사업의 수행도에 미치는 영향요인 연구」 등의 논문을 발표하였다.

불교사회복지

초판 1쇄 인쇄 2024년 4월 2일 | 초판 1쇄 발행 2024년 4월 11일
지은이 명안 | 펴낸이 김시열
펴낸곳 도서출판 운주사

(02832) 서울시 성북구 동소문로 67-1 성심빌딩 3층

전화 (02) 926-8361 | 팩스 0505-115-8361

ISBN 978-89-5746-773-2 93220 값 15,000원

http://cafe.daum.net/unjubooks 〈다음카페: 도서출판 운주사〉